# 名师读解

# 经典常谈

朱自清 著　　许元洪 注

海峡出版发行集团　海峡文艺出版社

竹笋　清　恽寿平

# 目录

名师导读　01

序　05

《说文解字》第一　001

《周易》第二　015

《尚书》第三　027

《诗经》第四　041

"三礼"第五　053

"春秋三传"第六（国语附）　063

"四书"第七　075

《战国策》第八　087

《史记》《汉书》第九　097

诸子第十　119

辞赋第十一　137

诗第十二　153

文第十三　171

附录　名师读解　201

碧海珊瑚 清 恽寿平

# 名师导读

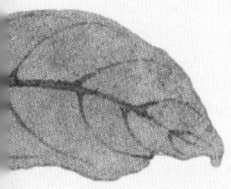

　　《经典常谈》是朱自清 1942 年任教于西南联合大学时所写，全书共收录 13 篇关于经典的通俗解读作品，包括《说文解字》第一、《周易》第二、《尚书》第三、《诗经》第四、"三礼"第五、"春秋三传"第六（国语附）、"四书"第七《战国策》第八《史记》《汉书》第九、诸子第十、辞赋第十一、诗第十二、文第十三。朱自清在《序》里，重在阐述自己对经典训练的意义和价值的看法，认为经典训练是一个"必要的项目"，对于本国经典，也有"接触的义务"。当然朱自清也清醒地看到"读经"，或者说"经典训练"成为"唯一的项目"也是"有失偏颇的"。朱自清严格区分了"读经"和"经典训练"两种不同概念，避免因噎废食，认为"读经的废止并不就是经典训练的废止"，并认为这是"一种进步"。

　　讲述"经典训练"的意义之后，朱自清在书里重在阐明"未经整理"的经典容易让人"敬畏"，因而让经典经由"整理"再拿来阅读，可能会让青少年更喜闻乐见。当然朱自清也看到"理想的经典读本"对于编写者要求颇高，不是"一个人一个时期所能成就的",因而只能退而求其次,既然不能直接亲近文本,那么就重在启发兴趣,"引他们到经典的大路上去",这可以讲是比较务实和可行的路径了。

在选编经典和阐释典籍意义的过程中,朱自清特别注意避免沦为"国学概论"之沉疴积弊,并且从选本的经、史、子、集不同类型出发,重在发掘经典文本自身的思想意义和艺术价值,或考镜源流,或辨章学术,重在经典"新"说,站在时代前沿来审视经典作品,让"古典"有了"现代"审视的目光,做到"古为今用"。这样的编排体例和篇章撰写安排,确实给古典作品带来了现代气息,也让经典作品获得新的生命,焕发新的光彩。

阅读朱自清这部经典导读性质的著作,青少年要明白朱先生的良苦用心,既要汲取经典书籍的精华,特别是典籍里的智慧、才思和洞见,也要防止食古不化,思想因"循古"而变得僵硬和退化。只有把取其精华与弃其糟粕相结合,既"返本"又"开新",才是阅读经典真正的"拿来主义"。要像鲁迅说的"放出眼光,自己来拿",这才是阅读经典应有的态度,让经典为我所用,让经典在当下社会继续流传,做到薪火传承,做到"其道大光",才不负时代不负先贤的期待。

阅读经典是"慢工出细活",任何草率和急于求成,都可能使我们有一种"深入宝山"却"空手而归"的感觉。陆九渊在《读书》里说:"读书切戒在慌忙,涵泳工夫兴味长。未晓不妨权放过,切身须要急思量。"此言通透贴切,极契阅读经典之"理"。在经典阅读中,我们只有"沉浸式""涵泳式"阅读,切己体察,事上琢磨,把经典中的至理名言拿到现实中来"躬行"一番,审问慎思,知明行笃,对经典才会有满满的获得感和幸福感,如饮仙醪,"书不醉人"而"人已自醉"。

山水图册之六（局部） 清 樊圻

迎春 清 恽寿平

# 序

在中等以上的教育里，经典训练应该是一个必要的项目。经典训练的价值不在实用，而在文化。有一位外国教授说过，阅读经典的用处，就在教人见识经典一番。这是很明达的议论。再说做一个有相当教育的国民，至少对于本国的经典，也有接触的义务。本书所谓经典是广义的用法，包括群经、先秦诸子、几种史书、一些集部；要读懂这些书，特别是经、子，得懂"小学"，就是文字学，所以《说文解字》等书也是经典的一部分。我国旧日的教育，可以说整个儿是读经的教育。经典训练成为教育的唯一的项目，自然偏枯失调；况且从幼童时代就开始，学生食而不化，也徒然摧残了他们的精力和兴趣。新式教育施行以后，读经渐渐废止。民国以来虽然还有一两回中小学读经运动，可是都失败了，大家认为是开倒车。另一方面，教育部制定的初中国文课程标准里却有"使学生从本国语言文字上了解固有文化"的话，高中的标准是更有"培养学生读解古书,欣赏中国文学名著之能力"的话。

初高中的国文教材，从经典选录的也不少。可见读经的废止并不就是经典训练的废止，经典训练不但没有废止，而且扩大了范围，不以经为限，又按着学生程度选材，可以免掉他们囫囵吞枣的弊病。这实在是一种进步。

我国经典，未经整理，读起来特别难，一般人往往望而生畏，结果是敬而远之。朱子似乎见到了这个，他注"四书"，一种作用就是使"四书"普及于一般人。他是成功的，他的"四书"注后来成了小学教科书。又如清初人选注的《史记菁华录》，价值和影响虽然远在"四书"注之下，可是也风行了几百年，帮助初学不少。但到了现在这时代，这些书都不适用了。我们知道清代"汉学家"对于经典的校勘和训诂贡献极大。我们理想中一般人的经典读本——有些该是全书，有些只该是选本、节本——应该尽可能地采取他们的结论：一面将本文分段，仔细地标点，并用白话文做简要的注释。每种读本还得有一篇切实而浅明的白话文导言。这需要见解、学力和经验，不是一个人一个时期所能成就的。商务印书馆编印的一些《学生国学丛书》，似乎就是这番用意，但离我们理想的标准还远着呢。理想的经典读本既然一时不容易出现，有些人便想着先从治标下手。顾颉刚先生用浅明的白话文译《尚书》，又用同样的文体写《汉代学术史略》，用意便在这里。这样办虽然不能教一般人直接亲近经典，却能启发他们的兴趣，引他们到经典的大路上去。这部小书也只是向这方面努力的工作。如果读者能把它当作一只船，航到经典的海里去，编撰者将自己庆幸，在经典训练上，尽了他做尖兵的一份儿。可是如果读者念了这部书，便以为已经受到了经典训练，不再想去见识经典，那就是以筌为鱼，未免辜负编撰者的本心了。

这部书不是"国学概论"一类。照编撰者现在的意见,"概论"这名字容易教读者感到自己满足;"概论"里好像什么都有了,再用不着别的——其实什么都只有一点儿!"国学"这名字,和西洋人所谓"汉学"一般,都未免笼统的毛病。国立中央研究院的历史语言研究分别标明历史和语言,不再浑称"国学",确是正办。这部书以经典为主,以书为主,不以"经学""史学""诸子学"等作纲领。但《诗》《文》两篇,却还只能叙述源流;因为书太多了,没法子一一详论,而集部书的问题,也不像经、史、子的那样重要,在这儿也无需谈论。书中各篇的排列,按照传统的经、史、子、集的顺序;并照传统的意见,将"小学"书放在最前头。各篇的讨论,尽量采择近人新说;这中间并无编撰者自己的创见,编撰者的工作只是编撰罢了。全篇的参考资料,开列在各篇后面;局部的,随处分别注明。也有袭用成说而没有注出的,那是为了节省读者的注意力;一般的读物和考据的著作不同,是无需乎那样严格的。末了儿,编撰者得谢谢雷海宗先生允许引用他还没有正式印行的《中国通史选读》讲义,陈梦家先生允许引用他的《中国文字学》稿本。还得谢谢董庶先生,他给我钞了全份清稿,让排印时不致有太多的错字。

朱自清
一九四二年二月,昆明西南联合大学

洞庭秋月（局部） 明 陈焕

《说文解字》第一

## 内容导读

阅读经典，文字是必由之路。将《说文解字》列为第一篇，彰显了文字功底是解析经典的基础。朱自清说："《说文解字》是文字学的古典，又是一切古典的工具或门径。"作为工具和门径，练就过硬的文字解析能力"首在必行"。

东汉时期许慎所作的《说文解字》，简称《说文》，是中国最早的系统分析汉字字形和考究字源的辞书，也是世界上最早的字典之一。《说文解字》内容共十五卷，其中前十四卷为文字解说，字头以小篆书写。此书编著时首次对"六书"做出了具体的解释，逐字解释字的来源；第十五卷为叙目，记录汉字的产生、发展、功用、结构等方面的问题，以及创作目的。

本篇奠定了朱自清文章写作风格，即平易浅白，有利于中学生阅读和接受。文章娓娓道来，内在逻辑自洽、谨严、自成一说；既能从大处落笔，从源起说到识字，又能小处着眼，深入细处考究造字和用字体例，通篇给人以切近的阅读示范和方法启迪。

内容要点：

1. 从"仓颉造字"说起，为汉字起源带来神话色彩，增强了可读性。

2. 考证仓颉造字说有其史料依据，以《荀子》《说文》等文来佐证。又能联系李斯、赵高、胡母敬等三人所选的字与后世"日用杂字"相似，按事类收字，据事类而言，是当时官定的标准字书。标准字书对于文字统一起到了便利作用。

3. 许慎《说文解字》现实价值和历史意义重大，搜罗的字多达近万字，又将九千字分属五百四十部，每字皆有说解。可以说是文字学的古典，又是一切古典的工具或门径。认识商周文字或探寻汉以来字体演变都得靠《说文解字》，可见此书之严谨与可靠。从前学问限于经典，研究学问必须从文字学入手，即使放在现在来看，要研究字形、字音、字义还得靠《说文解字》，还得从文字学来切入。

史官：主管史书、典籍，记录和编撰历史的官员。

仓颉（jié）：上古人名。相传他创造了文字。

天雨粟，鬼夜哭：天下起粟雨，鬼怪在夜里哭泣。

巫术：企图借助超自然的神秘力量对人或事产生影响和加以控制的方术。

　　中国文字相传是黄帝的史官叫仓颉的造的。这仓颉据说有四只眼睛，他看见了地上的兽蹄儿、鸟爪儿印着的痕迹，灵感涌上心头，便造起文字来。文字的作用太伟大了，太奇妙了，造字真是一种神圣的工作。但是文字可以增进人的能力，也可以增进了人的巧诈。仓颉泄漏了天机，却将人教坏了。所以他造字的时候，"天雨粟，鬼夜哭"。人有了文字，变机灵了，会争着去做那容易赚钱的商人，辛辛苦苦去种地的便少了。天怕人不够吃的，所以降下米来让他们存着救急。鬼也怕这些机灵人用文字来制他们，所以夜里嚎哭①；文字原是有巫术的作用的。但仓颉造字的传说，战国末期才有，那时人并不都相信，如《易·系辞》里就只说文字是"后世圣人"造出来的。这"后世圣人"不止一人，是许多人。我们知道，文字不断地在演变着；说是一人独创，是不可能的。《系辞》的话自然合理得多。

　　"仓颉造字说"也不是凭空起来的。秦以前是文字发生与演化的时代，字体因世、因国而不同，官书虽是系统相承，民间书却极为庞杂。到了战国末期，政治方面，学术方面，都感到统一的需要了，鼓吹的

---

①《淮南子·本经训》及高诱注。

也有人了；文字统一的需要，自然也在一般意识之中。这时候抬出一个造字的圣人，实在是统一文字的预备工夫，好教人知道"一个"圣人造的字当然是该一致的。《荀子·解蔽篇》说："好书者众矣，而仓颉独传者，一也。""一"是"专一"的意思，这儿只说仓颉是个整理文字的专家，并不曾说他是造字的人。可见得那时"仓颉造字说"还没有凝成定型。但是，仓颉究竟是什么人呢？照近人的解释，"仓颉"的字音近于"商契"，造字的也许指的是商契。商契是商民族的祖宗。"契"有"刀刻"的名义；古代用刀笔刻字，文字有"书契"的名称。可能因为这点联系，商契便传为造字的圣人。事实上商契也许和造字全然无涉，但这个传说却暗示着文字起于夏商之间。这个暗示也许是值得相信的。至于仓颉是黄帝的史官，始见于《说文序》。"仓颉造字说"大概凝定于汉初，那时还没有定出他是哪一代的人；《说文序》所称，显然是后来加添的枝叶了。

识字是教育的初步。《周礼·保氏》说贵族子弟八岁入小学，先生教给他们识字。秦以前字体非常庞杂，贵族子弟所学的，大约只是官书罢了。秦始皇统一了天下，他也统一了文字；小篆成了国书，别体渐归淘汰，识字便简易多了。这时候贵族阶级已经没有了，所以渐渐注重一般的识字教育。到了汉代，考试史、尚书史（书记秘书）等官儿，都只凭识字的程度，识字教育更注重了。识字需要字书。相传最古的字书是《史籀篇》，是周宣王的太史籀作的。这部书已经佚去，但许慎《说文解字》里收了好些"籀文"，又称为"大篆"，

---

《荀子·解蔽篇》：是荀子朴素认识论思想集中体现的一篇文章。

好书者众矣，而仓颉独传者，一也：喜欢文字的人很多，只有仓颉的名声流传了下来，因为他用心专一。

商契：帝喾与简狄之子叫"契"，帝舜因其有功而将其封在商地，被称为"商契"。

小篆：秦代通行的一种字体，也称秦篆。

籀（zhòu）文：中国春秋战国时流行于秦国的一种字体，与石鼓文皆为大篆的典型代表。

字体和小篆差不多，和始皇以前三百年的碑碣器物上的秦篆简直一样。所以现在相信这只是始皇以前秦国的字书。"史籀"是"书记必读"的意思，只是书名。不是人名。

碑碣：泛指碑，方顶为碑，圆顶为碣。

始皇为了统一文字，教李斯作了《仓颉篇》七章，赵高作了《爰历篇》六章，胡母敬作了《博学篇》七章。所选的字，大部分还是《史籀篇》里的，但字体以当时通用的小篆为准，便与"籀文"略有不同。这些是当时官定的标准字书。有了标准字书，文字统一就容易进行了。汉初，教书先生将这三篇合为一书，单称为《仓颉篇》。秦代那三种字都不传了。汉代这个《仓颉篇》，现在残存着一部分。西汉时期还有些人作了些字书，所选的字大致和这个《仓颉篇》差不多。其中只有史游的《急就篇》还存留着。《仓颉》残篇四字一句，两句一韵。《急就篇》不分章而分部，前半三字一句，后半七字一句，两句一韵；所收的都是名姓、器物、官名等日常用字，没有说解。这些书和后世"日用杂字"相似，按事类收字——所谓分章或分部，都据事类而言。这些一面供教授学童用，一面供民众检阅用，所收约三千三百字，是通俗的字书。

《爰（yuán）历篇》：秦赵高撰，六章。古字书。取史籀大篆改易为小篆。

《急就篇》：又名《急就章》，是汉元帝时黄门令史游编写的儿童识字课本，因篇首有"急就"两字而得名。

东汉和帝时，有个许慎，作了一部《说文解字》。这是一部划时代的字书。经典和别的字书里的字，他都搜罗在他的书里，所以有九千字。而且小篆之外，兼收籀文、"古文"；"古文"是鲁恭王所得孔子宅"壁中书"及张仓所献《春秋左氏传》的字体，大概是晚周民间的别体字。许氏又分析偏旁，定出部首，将

《春秋左氏传》：春秋末年鲁国的左丘明所撰，现存第一部叙事详细的编年体史书。

《尔雅》：一部训诂学专著，是考订词义和古代名物的重要资料。

拓墨：拓取碑刻或器物上文字、花纹，因用墨色，故得名。

图录：古文物、艺术品的图像集录。

考释：对古文字进行考证和释义。

胛（jiǎ）：胳膊上边靠脖子的部分。

九千字分属五百四十部首。书中每字都有说解，用晚周人作的《尔雅》，扬雄的《方言》，以及经典的注文的体例。这部书意在帮助人通读古书，并非只供通俗之用，和秦代及西汉的字书是大不相同的。它保存了小篆和一些晚周文字，让后人可以溯源沿流；现在我们要认识商周文字，探寻汉以来字体演变的轨迹，都得凭这部书。而且不但研究字形得靠它，研究字音字义也得靠它。研究文字的形音义的，以前叫"小学"，现在叫文字学。从前学问限于经典，所以说研究学问须从小学入手；现在学问的范围是广了，但研究古典、古史、古文化，也还得从文字学入手。《说文解字》是文字学的古典，又是一切古典的工具或门径。

《说文序》提起出土的古器物，说是书里也搜罗了古器物铭的文字，便是"古文"的一部分，但是汉代出土的古器物很少；而拓墨的法子到南北朝才有，当时也不会有拓本，那些铭文，许慎能见到的怕是更少。所以他的书里还只有秦篆和一些晚周民间书，再古的可以说是没有。到了宋代，古器物出土的多了，拓本也流行了，那时有了好些金石图录考释的书。"金"是铜器，铜器的铭文称为金文。铜器里钟鼎最是重器，所以也称为钟鼎文。这些铭文都是记事的。而宋以来发见的铜器大都是周代所作，所以金文多是两周的文字。清代古器出土的更多，而光绪二十五年（西元一八九九）河南安阳发现了商代的甲骨，尤其是划时代的。甲是龟的腹甲，骨是牛胛骨。商人钻灼甲骨，以卜吉凶，卜完了就在上面刻字纪录。这称为甲骨文，又称为卜辞，是盘庚（约西元前一三〇〇）以后的商代文字。这大概是最古的文字了。甲骨文、金文，以及《说文》里所谓"古文"，还有籀文，现在统统算作古文字，这些大部分是文字统一以前的官书。甲骨文是"契"的；金文是"铸"的。铸是先在模子上刻字，再倒铜。古代书写文字的方法除"契"和"铸"外，还有"书"和"印"，因用的材料而异。"书"用笔，竹木简以及帛和纸上用"书"。"印"是在模子上刻字，印在陶器或封泥上①。古代用竹木简最多，战国才有帛，纸是汉代才有的。笔出现于商代，却只用竹木削成。竹木简、帛、纸，都容易坏，汉以前的，已经茫然无存了。

盘庚：商王。名旬。王室衰乱，盘庚率众自奄迁都于殷。商复兴，史称殷商。

造字和用字有六个条例，称为"六书"。"六书"这个总名初见于《周礼》，但六书的各个的名字到汉人的书里才见。一是"象形"，象物形的大概，如"日""月"等字。二是"指事"，用抽象的符号，指示那无形的事类，如"⼆"（上）"⼆"（下）两个字，短画和长画都是抽象的符号，各代表着一个物类。"⼆"指示甲物在乙物之上，"⼆"指示甲物在乙物之下。这"上"和"下"两种关系便是无形的事类。又如"刃"字，在"刀"形上加一点，指示刃之所在，也是的。三是"会意"，会合两个或两个以上的字为一个字，这一个字的意义是那几个字的意义积成的，如"止""戈"为"武"，"人""言"为"信"等。四

六书：首见于《周礼·地官·保氏》，汉代学者把汉字的构成和使用方式归纳成六种类型，总称六书。普遍采取的是许慎的名称、班固的次序。后世学者定名为象形、指事、会意、形声、转注、假借。六书是后人对汉字进行分析而归纳出来的系统，也是最早的关于汉字构造的系统理论。当有了六书系统以后，人们再造新字时，都以该系统为依据。

---

① 古代简牍用泥封口，在泥上盖印。

清流小舟　清　任伯年

是"形声",也是两个字合成一个字,但一个字是形,一个字是声;形声意符,声是音标。如"江""河"两字,"氵"(水)是形,"工""可"是声。但声也有兼义的。如"浅""钱""贱"三字,"水""金""贝"是形,同以"戋"为声;但水小为"浅",金小为"钱",贝小为"贱",三字共有的这个"小"的意义,正是从"戋"字来的。象形、指事、会意、形声,都是造字的条例;形声最便,用处最大,所以我们的形声字最多。

五是"转注",就是互训。两个字或两个以上的字,意义全部相同或一部相同,可以互相解释的,便是转注字,也可以叫作同义字。如"考""老"等字,又如"初""哉""首""基"等字;前者同形同部,后者不同形不同部,却都可以"转注"。同义字的孳生，大概是各地方言不同和古今语言演变的缘故。六是"假借",语言里有许多有音无形的字,借了别的同音的字,当作那个意义用。如代名词,"予""汝""彼"等,形况字"犹豫""孟浪""关关""突如"等,虚助字"于""以""与""而""则""然""也""乎""哉"等,都是假借字。又如"令",本义是"发号",借为县令的"令";"长"本义是"久远",借为县长的"长"。"县令""县长"是"令""长"的引申义。假借本因有音无字,但以后本来有字的也借用别的字。所以我们现在所用的字,本义的少,引申义的多,一字数义,便是这样来的。这可见假借的用处也很广大。但一字借成数义,颇不容易分别。晋以来通行了四声,这才将同一字分读几个音,让意义分得开些。如"久远"的"长"平声,"县长"的"长"读上声之类。这样,一个字便变成几个字了。转注假借都是用字的条例。

象形字本于图画。初民常以画记名,以画记事,这便是象形的源头。但文字本于语言,语言发于声音,以某声命物,某声便是那物的名字。这是"名","名"该只指声音而言。画出那物形的大概,是象形字。"文字"与"字"都是通称;分析的说,象形的字该叫做

孳(zī)生：繁殖、产生。

"文","文"是"错画"的意思①。"文"本于"名",如先有"日"名,才会有"日"这个"文";"名"就是"文"的声音。但物类无穷,不能一一造"文",便只得用假借字。假借字以声为主,也可以叫做"名"。一字借为数字,后世用四声分别,古代却用偏旁分别,这便是形声字。如"囟"本像箕形,是"文",它的"名"是"丩"。而日期的"期",旗帜的"旗",麒麟的"麒"等,在语言中与"囟"同声,却无专字,便都借用"囟"字。后来才加"月"为"期",加"㫃"为"旗",加"鹿"为"麒",一个字变成了几个字。严格地说,形声字才该叫做"字","字"是"孳乳而渐多"的意思②。象形有抽象作用,如一画可以代表任何一物,"⼆"(上)、"⼆"(下)、"一""二""三"其实都可以说是象形。象形又有指示作用,如"刀"字上加一点,表明刃在那里。这样,旧时所谓指事字其实都可以归入象形字。象形还有会合作用,会合两个或两个以上的分子,表示一个意义;那么,旧时所谓会意字其实也可以归入象形字。但会合成功的不是"文",也该是"字"。象形字、假借字、形声字,是文字发展的逻辑的程序,但甲骨文里三种字都已经有了。这里所说的程序,是近人新说,和"六书说"颇有出入。六书说原有些不完备不清楚的地方,新说加以补充修正,似乎更可信些。

秦以后只是书体演变的时代。演变的主因是应用,演变的方向是简易。始皇用小篆统一了文字,不久便又有了"隶书"。当时公事忙,文书多,书记虽遵用小篆,有些下行文书,却不免写得草率些。日子长了,这样写的人多了,便自然而然成了一体,称为"隶书",因为是给徒隶等下级办公人看的。这种字体究竟和小

---

① 《说文·文部》。
② 《说文序》。

静寄山庄（局部） 明 沈周

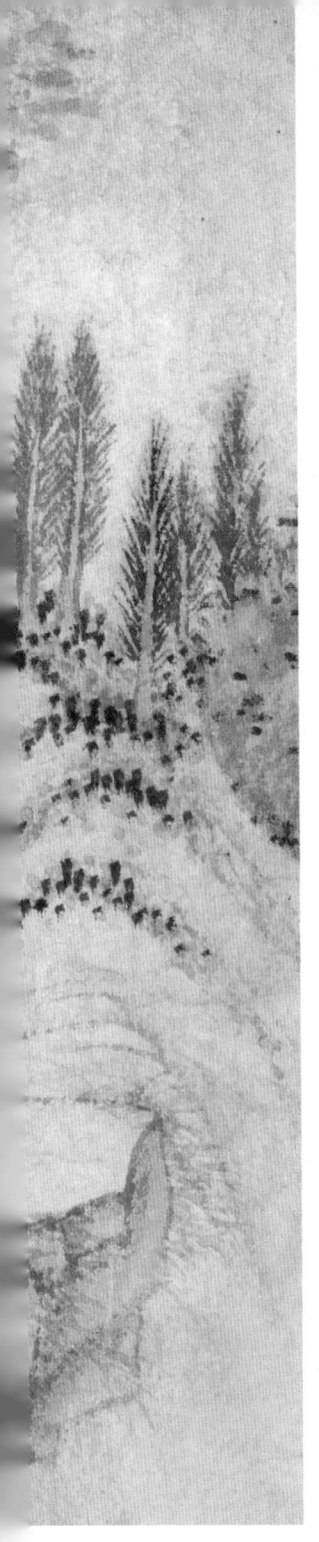

篆差不多。到了汉末，才渐渐变了，椭圆的变为扁方的，"敛笔"变为"挑笔"。这是所谓汉隶，是隶书的标准。晋唐之间，又称为"八分书"。汉初还有草书，从隶书变化，更为简便。这从清末以来在新疆和敦煌发现的汉晋间的木简里最能见出。这种草书，各字分开，还带着挑笔，称为"章草"。魏晋之际，又嫌挑笔费事，改为敛笔，字字连书，以一行或一节为单位。这称为"今草"。隶书方整，去了挑笔，又变为"正书"。这起于魏代。晋唐之间，却称为"隶书"，而称汉隶为"八分书"。晋代也称为"楷书"。宋代又改称为"真书"。正书本也是扁方的，到陈隋的时候，渐渐变方了。到了唐代，又渐渐变长了。这是为了好看。正书简化，便成"行书"，起于晋代。大概正书不免于拘，草书不免于放，行书介乎两者之间，最为适用。但现在还通用着正书，而辅以行草。一方面却提倡民间的"简笔字"，将正书行书再行简化；这也还是求应用便利的缘故。

**参考资料**

《说文解字》叙。

容庚《中国文字学》。

陈梦家《中国文字学》稿本。

《说文解字》第一　013

群仙聚会图（局部） 清 禹之鼎

《周易》第二

## 内容导读

《周易》列为《经典常谈》第二篇,体现的是经学在经典中的重要地位。经学注重阐释要义,阐发思想。《周易》冠于群经之首,《易》道广大,无所不包。《周易》是一部奇书,包括"经"和"传"两部分内容,经是指六十四卦的卦象、卦辞、爻辞,传是对经的解释。其经传大义体现丰富的哲学思想,以卦爻来象征宇宙人生的变化。

《周易》成为一部儒家经典著作,是比较后来才发生的。与八卦相伴而生的是占卜,古时候的人们看见数字整齐而有变化,认为是神奇而有魔力的东西,《周易》这部书,就是把那时候人们占卜的卦辞按着一定的顺序编辑起来的。《易传》中间有系统的彖辞和象辞,可以推断一些现象的发生和发展演变趋势。

内容要点:

1.八卦在日常生活中是司空见惯的,有其神通之处,往往带有辟邪的作用,鉴往而知来。八卦及阴阳五行在人们日常里可以讲是"百姓日用而不知"。

2.八卦创立有神秘色彩,据说是伏羲所创。河图洛书更增添了其隐秘色彩。甲骨和龟壳可以用来预见吉凶。八卦与卜筮法都可以让先民对未来不确定性有了比较把握得住的行为预见性。

3.在太极八卦中,一横表示阳,两横表示阴,分别配出八个卦,八卦之间两两组合就成了六十四卦,八卦是靠数目来判断吉凶的。八卦原只是数目的巫术,后变成了哲学,八卦也象征着自然宇宙万物及其自身的运行规律。观象制器,借卦爻辞来发挥整合儒、道的智慧;经传出自圣人之手,和儒家道统有着密不可分的关系。

八卦：《周易》中八种具有象征意义的基本图形，每个图形用三个分别代表阳的爻和代表阴的爻组成，象征天、地、雷、风、水、火、山、泽。

因往知来：依据过去来推测未来。

　　在人家门头上，在小孩的帽饰上，我们常见到八卦那种东西。八卦是圣物，放在门头上，放在帽饰里，是可以辟邪的。辟邪还只是它的小神通，它的大神通在能够因往知来，预言吉凶。算命的，看相的，卜课的，都用得着它。他们普通只用五行生克的道理就够了，但要详细推算，就得用阴阳和八卦的道理。八卦及阴阳五行和我们非常熟悉，这些道理直到现在还是我们大部分人的信仰，我们大部分人的日常生活不知不觉之中教这些道理支配着。行人不至，谋事未成，财运欠通，婚姻待决，子息不旺，乃至种种疾病疑难，许多人都会去求签问卜，算命看相，可见影响之大。讲五行的经典，现在有《尚书·洪范》，讲八卦的便是《周易》。

　　八卦相传是伏羲氏画的。另一个传说却说不是他自出心裁画的。那时候有匹龙马从黄河里出来，背着一幅图，上面便是八卦，伏羲只照着描下来罢了。但这因为伏羲是圣人，那时代是圣世，天才派了龙马赐给他这件圣物。所谓"河图"，便是这个。那讲五行的《洪范》，据说也是大禹治水时在洛水中从一只神龟背上得着的，也出于天赐。所谓"洛书"，便是那个。但这些神怪的故事，显然是八卦和五行的宣传家造出来抬高这两种学说的地位的。伏羲氏恐怕压根儿就没

《周易》第二　017

有这个人，他只是秦汉间儒家假托的圣王。至于八卦，大概是有了筮法以后才有的。商民族是用龟的腹甲或牛的胛骨卜吉凶，他们先在甲骨上钻一下，再用火灼；甲骨经火，有裂痕，便是兆象，卜官细看兆象，断定吉凶；然后便将卜的人、卜的日子、卜的问句等用刀刻在甲骨上。这便是卜辞。卜辞里并没有阴阳的观念，也没有八卦的痕迹。

卜法用牛骨最多，用龟甲是很少的。商代农业刚起头，游猎和畜牧还是主要的生活方式，那时牛骨头不缺少。到了周代，渐渐脱离游牧时代，进到农业社会了，牛骨头便没有那么容易得了。这时候却有了筮法，作为卜法的辅助，筮法只用些蓍草，那是不难得到。蓍草是一种长寿草，古人觉得这草和老年人一样，阅历多了，知道的也就多了，所以用它来占吉凶。筮的时候用它的杆子，方法已不能详知，大概是数的。取一把蓍草，数一下看到什么数目，看是奇数还是偶数，也许这便可以断定吉凶。古代人看见数目整齐而又有变化，认为是神秘的东西。数目的连续、循环以及奇偶，都引起人们的惊奇。那时候相信数目是有魔力的，所以巫术里用得着它。——我们一般人直到现在，还嫌恶奇数，喜欢偶数，该是那些巫术的遗迹。那时候又相信数目是有道理的，所以哲学里用得着它。我们现在还说，凡事都有定数，这就是前定的意思；这是很古的信仰了。人生有数，世界也有数，数是算好了的一笔账；用现在的话说，便是机械的。数又是宇宙的

---

卜（bǔ）辞：殷人占卜，常将占卜人姓名，占卜所问之事及占卜日期、结果等刻在所用龟甲或兽骨上，间或亦刻有少量与占卜有关的记事，这类记录文字通称为卜辞。

卜法：商民族是用龟的腹甲或牛的胛骨卜吉凶。他们先在甲骨上钻一下，再用火灼；甲骨经火，有裂痕，便是兆象。卜官细看兆象，断定吉凶，然后便将卜的人、卜的日子、卜的问句等用刀笔刻在甲骨上。

架子，如说太极生两仪，两仪生四象①，就是一生二、二生四的意思。筮法可以说是一种巫术，是靠了数目来判断吉凶的。

八卦的基础便是一、二、三的数目。整画"—"是一；断画"--"是二；三画叠而成卦是三。这样配出八个卦，便是 ☰ ☱ ☲ ☳ ☴ ☵ ☶ ☷；乾、兑、离、震、艮、坎、巽、坤，是这些卦的名字。那整画断画的排列，也许是在排列着蓍草时触悟出来的。八卦到底太简单了，后来便将这些卦重起来，两卦重作一个，按照算学里错列与组合的必然，成了六十四卦，就是《周易》里的卦数。蓍草的应用，也许起于民间；但八卦的创制，六十四卦的推演，巫与卜官大约是重要的角色。古代巫与卜官同时也就是史官，一切的记载，一切的档案，都掌管在他们的手里。他们是当时知识的权威，参加创卦和重卦的工作是可能的。筮法比卜法简便得多，但起初人们并不十分信任它。直到《春秋》时候，还有"筮短龟长"的话②。那些时代，大概小事才用筮，大事还得用卜的。

筮法袭用卜法的地方不少。卜法的里的兆象，据说有一百二十体，每一体都有十条断定吉凶的"颂"辞③。这些是现成的辞。但兆象是自然的灼出来的，有时不能凑合到那一百二十体里去，便得另造新辞。筮法里的六十四卦，就相当于一百二十体的兆象。那断定吉凶的辞，原叫作繇辞，"繇"是抽出来的意思。《周易》里一卦有六画，每画叫作一爻——六爻的次序，是由下向上数的。繇辞有属于卦的总体的，有属于各爻的；所以后来分称为卦辞和爻辞。这种卦爻辞也是卜筮官的占筮纪录，但和甲骨卜辞的性质不一样。

---

① 二语见《易·系辞》。太极是混沌的元气，两仪是天地，四象是日月星辰。
②《左传》僖公四年。
③《周礼·春官·太卜》。

从卦爻辞里的历史故事和风俗制度看，我们知道这些是西周初叶的纪录，纪录里好些是不联贯的，大概是几次筮辞并列在一起的缘故。那时卜筮官将这些卦爻辞按着卦爻的顺序编辑起来的，便成了《周易》这部书。"易"是"简易"的意思，是说筮法比卜法简易的意思。本来呢，卦数既然是一定的，每卦每爻的辞又是一定的，检查起来，引申推论起来，自然就"简易"了。不过这只在当时的卜筮官如此。他们熟习当时的背景，卦爻辞虽"简"，他们却觉得"易"。到了后世就不然了。筮法久已失传，有些卦爻辞简直就看不懂了。《周易》原只是当时一部切用的筮书。

《周易》现在已经变成了儒家经典的第一部，但早期的儒家还没注意这部书。孔子是不讲怪、力、乱、神的。《论语》里虽有"五十以学《易》，可以无大过矣"的话；但另一个本子作"五十以学，亦可以无大过矣"①，所以这句话是很可疑的。孔子只教学生读《诗》《书》和《春秋》，确没有教读《周易》。《孟子》称引《诗》《书》，也没说到《周易》。《周易》变成儒家的经典，是在战国末期。那时候阴阳家的学说盛行，儒家大约受了他们的影响，才研究起这部书来。那时候道家的学说也盛行，也从另一面影响了儒家。儒家就在这两家学说的影响之下，给《周易》的卦爻辞作了种种新解释。这些新解释并非在忠实的确切的解释卦爻辞，其实倒是借着卦爻辞发挥他们的哲学。这种新解释存下来的，便是所谓《易传》。

《易传》中间较有系统的是彖辞和象辞。彖辞断定一卦的涵义——"彖"是"断"的意思。象辞推演卦和爻的象，这个"象"字相当于现在所谓"观念"。这个字后来成为解释《周易》的专门名词。但彖辞断定的涵义，象辞推演的观念，其实不是真正从卦

---

① 《古论语》作"易"，《鲁论语》作"亦"。

饯腊迎祥（局部） 清 董诰

爻里探究出来的；那些只是作传的人傅会在卦爻上面的。这里面包含着多量的儒家伦理思想和政治哲学；象辞的话更有许多和《论语》相近的。但说到"天"的时候，不当作有人格的上帝，而只当作自然的道，却是道家的色彩了。这两种传似乎是编纂起来的，并非一人所作。此外有《文言》和《系辞》。《文言》解释乾坤两卦；《系辞》发挥宇宙观人生观，偶然也有分别解释卦爻的话。这些似乎都是抱残守缺，汇集众说而成。到了汉代，又新发现了《说卦》《序卦》《杂卦》三种传。《说卦》推演卦象，说明某卦的观念象征着自然界和人世间的某些事物，譬如乾卦象征着天，又象征着父之类。《序卦》说明六十四卦排列先后的道理。《杂卦》比较各卦意义的同异之处。这三种传据说是河内一个女子在什么地方找着的，后来称为《逸易》；其实也许就是汉代人作的。

八卦原只是数目的巫术，这时候却变成数目的哲学了。那整画"一"是奇数，代表天，那断画"--"是偶数，代表地。奇数是阳数，偶数是阴数；阴阳的观念是从男女来的。有天地，不能没有万物，正和有男女就有子息一样，所以三画才能成一卦。卦是表示阴阳变化的，《周易》的"易"，也便是变化的意思。为什么要八个卦呢？这原是算学里错列与组合的必然，但这时候却想着是万象的分类。乾是天，是父等；坤是地，是母等；震是雷，是长子等；巽是风，是长女等；坎是水，是心病等；离是火，是中女等；艮是山，是太监等；兑是泽，是少女等。这样，八卦便象

《周易》第二 023

征着也支配着整个的大自然，整个的人间世了。八卦重为六十四卦，卦是复合的，卦象也是复合的，作用便更复杂更具体了。据说伏羲、神农、黄帝、尧、舜一班圣人看了六十四卦的象，悟出了种种道理，这才制造了器物，建立了制度、耒耜以及文字等等东西，"日中为市"等等制度，都是他们从六十四卦推演出来的。

这个观象制器的故事，见于《系辞》。《系辞》是最重要的一部《易传》。这传里借着八卦和卦爻辞发挥着的融合儒道的哲学，和观象制器的故事，都大大地增加了《周易》的价值，抬高了它的地位。《周易》的地位抬高了，关于它的传说也就多了。《系辞》里只说伏羲作八卦；后来的传说却将重卦的，作卦爻辞的，作《易传》的人，都补出来了。但这些传说都比较晚，所以有些参差，不尽能像"伏羲画卦说"那样成为定论。重卦的人，有说是伏羲的，有说是神农的，有说是文王的。卦爻辞有说全是文王作的；有说爻辞是周公作的；有说全是孔子作的。《易传》却都说是孔子作的。这些都是圣人。《周易》的经传都出于圣人之手，所以和儒家所谓道统关系特别深切；这成了他们一部传道的书。所以到了汉代，便已跳到六经之首了[①]。但另一面阴阳八卦与五行结合起来，三位一体的演变出后来医卜星相种种迷信，种种花样，支配着一般民众，势力也非常雄厚。这里面儒家的影响却很少了，大部分还是《周易》原来的卜筮传统的力量。儒家的《周易》是哲学化了的；民众的《周易》倒是巫术的本来面目。

---

[①]《庄子·天运篇》和《天下篇》所说六经的次序是：《诗》《书》《礼》《乐》《易》《春秋》，到了《汉书·艺文志》，便成了《易》《书》《诗》《礼》《乐》《春秋》了。

荷花 清 恽寿平

**参考资料**

顾颉刚《周易爻辞中的故事》(《古史辨》第三册上)。

李镜池《易传探原》(同上)。

余永梁《易卦爻辞的时代及其作者》(同上)。

米家大翠黛（局部） 清 恽寿平

《尚书》第三

# 内容导读

《尚书》列为《经典常谈》第三篇,《尚书》是我国最为古老的一部以记言为主,间或记事的历史文献,"尚"的意思是上古,"书"的意思是书写在竹帛上的历史记载,"尚书"就是"上古的史书",主要是记载商、周记言史料的汇编,包括《虞书》《夏书》《商书》《周书》四部分。

内容要点:

1.《尚书》跨越了虞、夏、商、周四个朝代,内容大多数是号令,就是向普通民众宣讲和布告的话,小部分是君臣之间相互传告的话。平时的号令叫"诰",有关军事的叫"誓"。其主要思想是"鬼治主义",就是遇到臣民不听话的时候,只要抬出上天和先祖来,自然一切解决。

2.流传下来的"五经"中,《尚书》残缺和存在的问题最多。秦始皇焚书坑儒时伏生私藏《尚书》二十九篇,汉文帝时《尚书》得以流传,就是东汉以来的《今尚书》或《今文尚书》。

3.汉景帝时,孔府旧居挖掘出一些古文经传,后经孔安国整理而成《古文尚书》,汉哀帝时刘歆欲立《古文尚书》博士,引发古今《尚书》之争,后又有张霸、王肃伪作《古文尚书》,王肃伪作历经千年,直到清初才被证伪。

《尚书》是中国最古的记言的历史。所谓记言，其实也是记事，不过是一种特别的方式罢了。记事比较的是间接的，记言比较的是直接的。记言大部分照说的话写下了；虽然也须略加剪裁，但是尽可以不必多费心思。记事需要化自称为他称，剪裁也难，费的心思自然要多得多。

中国的记言文是在记事文之先发展的。商代甲骨卜辞大部分是些问句，记事的话不多见。两周金文也还多以记言为主。直到战国时代，记事文才有了长足的进展。古代言文大概是合一的；说出的写下的都可以叫作"辞"。卜辞我们称为"辞"，《尚书》的大部分其实也是"辞"。我们相信这些辞都是当时的"雅言"①，就是当时的官话或普通话。但传到后世，这种官话或普通话却变成了诘屈聱牙的古语了。

《尚书》包括虞夏商周四代；大部分是号令，就是向大众宣布的话，小部分是君臣相告的话。也有记事的；可是照近人的说数，那记事的几篇，大都是战国末年人的制作，应该分别的看。那些号令多称为"誓"或"诰"，后人便用"誓""诰"的名字来代表这一类。平时的号令叫"诰"，有关军事的叫"誓"。君告臣的

诘屈聱牙："诘屈"同"佶屈"，曲折，引申为不顺畅；聱牙，意为读起来拗口，别扭。形容文字晦涩艰深，难懂难读。

---

① "雅言"见《论语·述而》。

春山竞渡图 明 恽向

话多称为"命";臣告君的话却似乎并无定名,偶然有称为"谟"①的。这些辞有的是当代史官所记,有的是后代史官追记。当代史官也许根据亲闻,后代史官便只能根据传闻了。这些辞原来似乎只是说的话,并非写出的文告;史官纪录,意在存作档案,备后来查考之用。这种古代的档案,想来很多,留下来的却很少。汉代传有《书序》,来历不详,也许是周秦间人所作。有人说,孔子删《书》为百篇,每篇有序,说明作意。这却缺乏可信的证据。孔子教学生的典籍里有《书》,倒是真的。那时代的《书》是个什么样子,已经无从知道。"书"原是纪录的意思②;大约那所谓"书"只是指当时留存着的一些古代的档案而言;那些档案恐怕还是一件件的,并未结集成书。成书也许是在汉人手里。那时候这些档案留存着的更少了,也更古了,更稀罕了;汉人便将它们编辑起来,改称《尚书》。"尚","上"也;《尚书》据说就是"上古帝王的书"③。"书"上加一"尚"字,无疑的是表示着尊信的意味。至于《书》称为"经",始于《荀子》④,不过也是到汉代才普遍罢了。

儒家所传的"五经"中,《尚书》残缺最多,因而问题也最多。秦始皇烧天下《诗》《书》及诸侯史记,并禁止民间私藏一切书。到汉惠帝时,才开了书禁;文帝接着更鼓励人民献书。书才渐渐见得着了。那时

---

文告:官衙发布的通知、告示。

《书序》:《尚书》有叙述各篇撰述旨意的序,学界一般称为《书序》,以区别伪托孔安国所作的《书大序》。

尊信:尊崇和信奉,表示对之深信不疑,尊崇有加。

书禁:禁止阅读和流通书籍的政策。

---

① 《说文》言部:"谟,议谋也。"
② 《说文》书部:"书,著也。"
③ 《论衡·正说篇》。
④ 《劝学篇》。

传《尚书》的只有一个济南伏生①。伏生本是秦博士。始皇下诏烧《诗》《书》的时候，他将《书》藏在墙壁里。后来兵乱，他流亡在外。汉定天下，才回家；检查所藏的《书》，已失去数十篇，剩下的只二十九篇了。他就守着这一些，私自教授于齐鲁之间。文帝知道了他的名字，想召他入朝。那时他已九十多岁，不能远行到京师去。文帝便派掌故官晁错来从他学。伏生私人的教授，加上朝廷的提倡，使《尚书》流传开来。伏生所藏的本子是用"古文"写的，还是用秦篆写的，不得而知；他的学生却只用当时的隶书钞录流布。这就是东汉以来所谓《今尚书》或《今文尚书》。汉武帝提倡儒学，立"五经"博士；宣帝时每经又都分家数立官，共立了十四博士。每一博士各有弟子若干人。每家有所谓"师法"或"家法"，从学者必须严守。这时候经学已成利禄的途径，治经学的自然就多起来了。《尚书》也立下欧阳（和伯）、大小夏侯（夏侯胜、夏侯建）三博士，却都是伏生一派分出来的。当时去伏生已久，传经的儒者为使人尊信的缘故，竟有硬说《尚书》完整无缺的。他们说，二十九篇是取法天象的，一座北斗星加上二十八宿，不正是二十九吗②！这二十九篇，东汉经学大师马融、郑玄都给作过注；可是那些注现在差不多亡失干净了。

　　汉景帝时，鲁恭王为了扩展自己的宫殿，去拆毁

> 掌故：官名，汉隶属于太常，掌管礼乐制度等故事。
>
> 博士：学官名，源于战国。汉武帝后专指成为专门传授儒家经典的学官。
>
> 师法：指在学术上效法于某位师长或某个流派。
>
> 家法：即一家之法，注重章句之学，涉及经义的文本、注疏，也包括篇卷、经说的异同。

---

① 裴骃《史记集解》引张晏曰："伏生名胜，《伏氏碑》云。"
②《论衡·正说篇》。

孔子的旧宅，在墙壁里得着"古文"经传数十篇，其中有《书》。这些经传都是用"古文"写的；所谓"古文"，其实只是晚周民间别体字。那时恭王肃然起敬，不敢再拆房子，并且将这些书都交还孔家的主人孔子的后人叫孔安国的。安国加以整理，发见其中的《书》比通行本多出十六篇；这称为《古文尚书》。武帝时，安国将这部书献上去。因为语言和字体的两重困难，一时竟无人能通读那些"逸书"，所以便一直压在皇家图书馆里。成帝时，刘向、刘歆父子先后领校皇家藏书。刘向开始用《古文尚书》校勘今文本子，校出今文脱简及异文各若干。哀帝时，刘歆想将《左氏春秋》《毛诗》《逸礼》及《古文尚书》立博士，这些都是所谓"古文"经典。当时的五经博士不以为然，刘歆写了长信和他们争辩①。这便是后来所谓今古文之争。

今古文之争是西汉经学一大史迹。所争的虽然只在几种经书，他们却以为关系孔子之道即古代圣帝明王之道甚大。"道"其实也是幌子，骨子里所争的还在禄位与声势；当时今古文派在这一点上是一致的。不过两派的学风确也有不同处。大致今文派继承先秦诸子的风气，"思以其道易天下"②，所以主张通经致用。他们解经，只重微言大义；而所谓微言大义，其实只是他们自己的历史哲学和政治哲学。古文派不重哲学而重历史，他们要负起保存和传布文献的责任；所留

---

① 《汉书》本传。
② 语见章学诚《文史通义·言公》上。

逸书：泛指散佚失传的书，也特指《古文尚书》。

校勘：对同一本书用不同的版本和有关资料加以比较核对，以考订其真伪和异同。

幌子：旧时用布缀于竿头，高悬于店铺门外以招揽顾客的标识，后来用来形容进行活动时所凭借的名义、借口。

心的是在章句、训诂、典礼、名物之间。他们各得了孔子的一端，各有偏畸的地方。到了东汉，书籍流传渐多，民间私学日盛。私学压倒了官学，古文经学压倒了今文经学；学者也以兼通为贵，不再专主一家。但是这时候"古文"经典中《逸礼》即《礼》古经已经亡佚，《尚书》之学，也不昌盛。

东汉初，杜林曾在西州（今新疆境）得漆书《古文尚书》一卷，非常宝爱，流离兵乱中，老是随身带着。他是怕"《古文尚书》学"会绝传，所以这般珍惜。当时经师贾逵、马融、郑玄都给那一卷《古文尚书》作注，从此《古文尚书》才显于世[①]。原来"《古文尚书》学"直到贾逵才真正开始；从前是没有什么师说的。而杜林所得只一卷，决不如孔壁所出的多。学者竟爱重到那般地步。大约孔安国献的那部《古文尚书》，一直埋没在皇家图书馆里，民间也始终没有盛行，经过西汉末年的兵乱，便无声无臭地亡失了罢。杜林的那一卷，虽经诸大师作注，却也没传到后世；这许又是三国兵乱的缘故。《古文尚书》的运气真够坏的，不但没有能够露头角，还一而再地遭到了些冒名顶替的事儿。这在西汉就有。汉成帝时，因孔安国所献的《古文尚书》无人通晓，下诏征求能够通晓的人。东莱有个张霸，不知孔壁的书还在，便根据《书序》，将伏生二十九篇分为数十，作为中段，又采《左氏传》及《书序》所说，补作首尾，共成《古文尚书百二篇》。

---

[①]《后汉书·杨伦传》。

章句：剖章析句，解说经义一种方式，也泛指书籍注释。

训诂：对字句的注释。

名物：事物及其名称。

亡佚：散失，失传。

一梧轩图轴　明　卞文瑜

每篇都很简短，文意又浅陋。他将这伪书献上去。成帝教用皇家图书馆藏着的孔壁《尚书》对看，满不是的。成帝便将张霸下在狱里，却还存着他的书，并且听它流传世间。后来张霸的再传弟子樊并谋反，朝廷才将那书毁废；这第一部伪《古文尚书》就从此失传了。

到了三国末年，魏国出了个王肃，是个博学而有野心的人。他伪作了《孔子家语》《孔丛子》①，又伪作了一部孔安国的《古文尚书》，还带着孔安国的传。他是个聪明人，伪造这部《古文尚书》孔传，是很费了一番心思的。他采辑群籍中所引"逸书"，以及历代嘉言，改头换面，巧为联缀，成功了这部书。他是参照汉儒的成法，先将伏生二十九篇分割为三十三篇，另增多二十五篇，共五十八篇②，以合于东汉儒者如桓谭、班固所记的《古文尚书》篇数。所增各篇，用力阐明儒家的"德治主义"，满纸都是仁义道德的格言。这是汉武帝罢黜百家，专崇儒学以来的正统思想，所谓大经、大法，足以取信于人。只看宋以来儒者所口诵心维的"十六字心传"③，正是他伪作的《大禹谟》里，便见出这部伪书影响之大。其实《尚书》里的主要思想，该是"鬼治主义"，像《盘庚》等篇所表现的。"原来西周以前，君主即教主，可以为所欲为，不受什么政治道德的约束。逢到臣民不听话的时候，只要抬出

> 采辑：搜集辑录。

---

① 《家语》托名孔安国，《孔丛子》托名孔鲋。
② 桓谭《新论》作五十八，《汉书·艺文志》自注作五十七。
③ 见真德秀《大学衍义》。所谓十六字是："人心惟危，道心惟微，惟精惟一，允执厥中。"在伪《大禹谟》里，是舜对禹的话。

上帝和先祖来，自然一切解决。"这叫作"鬼治主义"。"西周以后，因疆域的开拓，交通的便利，富力的增加，文化大开。自孔子以至荀卿、韩非，他们的政治学说都是建筑在人性上面。尤其是儒家，把人性扩张得极大。他们觉得政治的良好只在诚信的感应；只要君主的道德好，臣民自然风从，用不到威力和鬼神的压迫。"这叫作"德治主义"①。看古代的档案，包含着"鬼治主义"思想的，自然比包含着"德治主义"思想的可信得多。但是王肃的时代早已是"德治主义"的时代；他的伪书所以专从这里下手。他果然成功了。只是词旨坦明，毫无诘屈聱牙之处，却不免露出了马脚。

晋武帝时候，孔安国的《古文尚书》曾立过博士②；这《古文尚书》大概就是王肃伪造的。王肃是武帝的外祖父，当时即使有怀疑的人，也不敢说话。可是后来经过怀帝永嘉之乱，这部伪书也散失了，知道的人很少。东晋元帝时，豫章内史梅赜发见了它，便拿来献到朝廷上去。这时候伪《古文尚书》孔传便和马、郑注的《尚书》并行起来了。大约北方的学者还是信马、郑的多，南方的学者才是信伪孔的多。等到隋统一了天下，南学压倒北学，马、郑《尚书》，习者渐少。唐太宗时，因章句繁杂，诏令孔颖达等编撰《五经正义》；高宗永徽四年（西元六五三年），颁行天下，考试必用此本。《正义》成了标准的官书，经学从此大统一。那《尚书正义》便用的伪《古文尚书》孔传。伪孔定于一尊，马、郑便更没人理睬了；日子一久，自然就残缺了，宋以来差不多就算亡了。伪《古文尚书》孔传如此这般冒名顶替了一千年，直到清初的时候。

这一千年中间，却也有怀疑伪《古文尚书》孔传的人。南宋

---

① 以上引顾颉刚《盘庚中篇今译》(《古史辨》第二册)。
② 《晋书·荀崧传》。

的吴棫首先发难。他有《书裨传》十三卷①,可惜不传了。朱子因孔安国的"古文"字句皆完整,又平顺易读,也觉得可疑②。但是他们似乎都还没有去找出确切的证据。至少朱子还不免疑信参半,他还采取伪《大禹谟》里"人心""道心"的话解释四书,建立道统呢。元代的吴澄才断然地将伏生今文从伪古文分出,他的《尚书纂言》只注解今文,将伪古文除外。明代梅鷟著《尚书考异》,更力排伪孔,并找出了相当的证据。但是严密钩稽决疑定谳的人,还得等待清代的学者。这里该提出三个可尊敬的名字。第一是清初的阎若璩,著《古文尚书疏证》,第二是惠栋,著《古文尚书考》;两书辨析详明,证据确凿,教伪孔体无完肤,真相毕露。但将作伪的罪名加在梅赜头上,还不免未达一间。第三是清中叶的丁晏,著《尚书余论》,才将真正的罪人王肃指出。千年公案,从此可以定论。这以后等着动手的,便是搜辑汉人的伏生《尚书》说和马、郑注。这方面努力的不少,成绩也斐然可观;不过所能做到的,也只是抱残守缺的工作罢了。伏生《尚书》从千年迷雾中重露出真面目,清代诸大师的劳绩是不朽的。但二十九篇固是真本,其中也还该分别的看。照近人的意见,"周书"大都是当时史官所记,只有一二篇像是战国时人托古之作。"商书"究竟是当时史官所记,还是周史官追记,尚在然疑之间。"虞夏书"大约多

《大禹谟》:伪《古文尚书》篇名。旧传虞舜因夏禹辅政有功而作,今本系后人伪托。

严密钩稽决疑定谳(yàn):严格缜密地查考审核资料,判定疑难之处并确立定论。

抱残守缺:守着陈旧、残破的东西不放,指思想保守,不肯接受新事物。

----

① 陈振孙《直斋书录解题》四。
② 见《朱子语类》七十八。

枇杷山鸟图　南宋 林椿

是战国末年人托古之作，只《甘誓》那一篇许是后代史官追记的。这么着，《今文尚书》里便也有了真伪之分了。

**参考资料**

王先谦《尚书孔传参正序例》及卷三十六《伪孔安国序》。
顾颉刚《论今文尚书著作时代书》（《古史辨》第一册）。

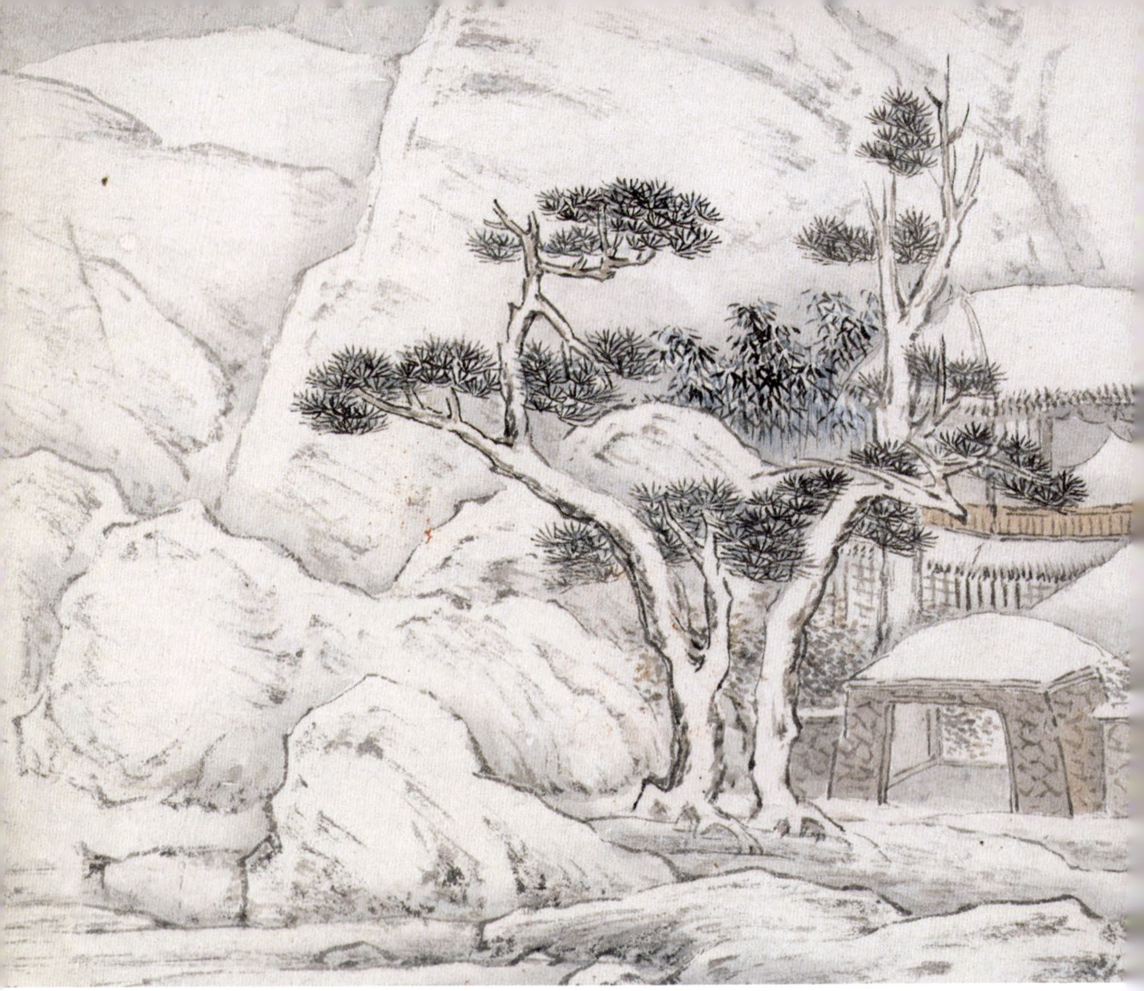

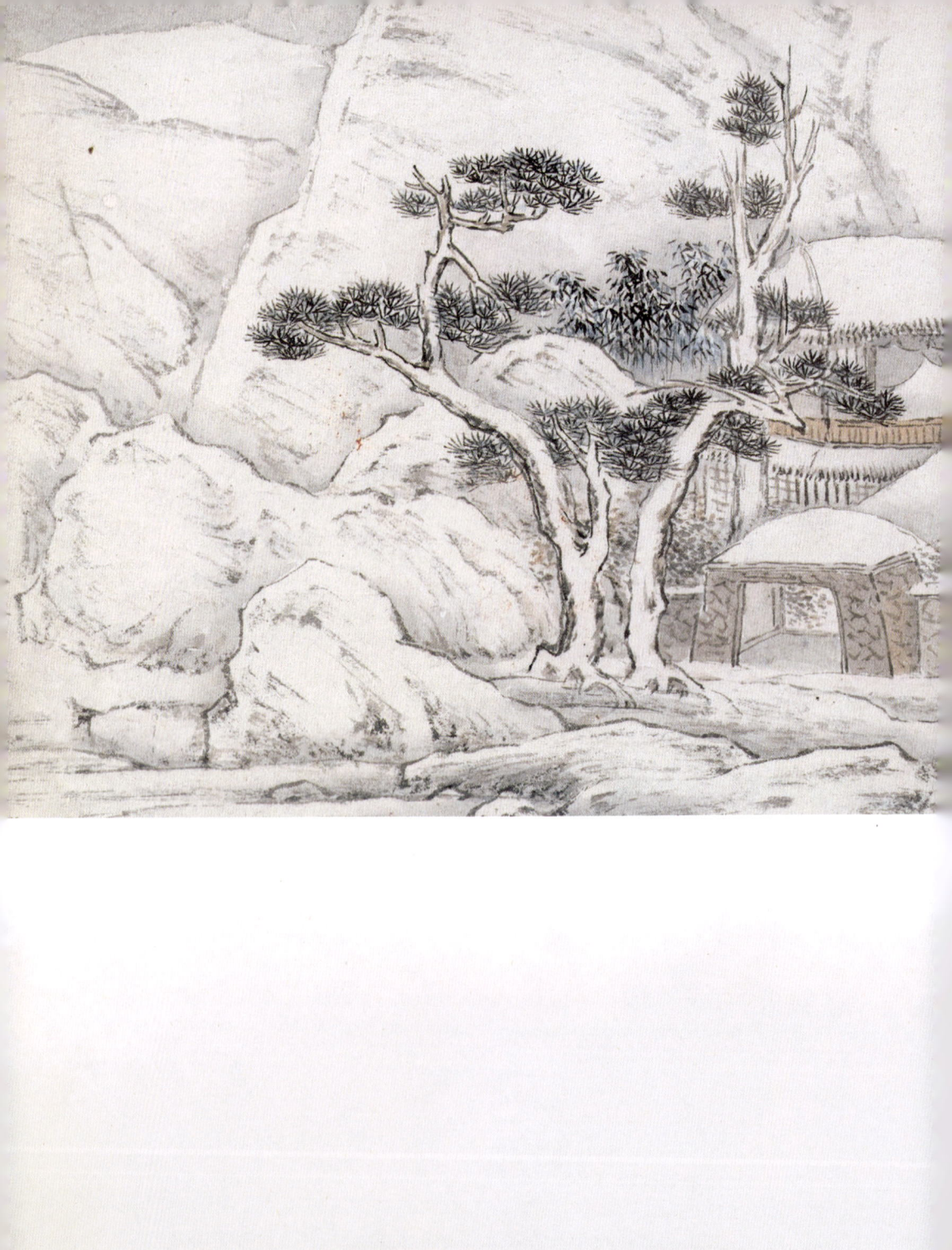

听雪图（局部） 清 叶欣

《诗经》第四

# 内容导读

《诗经》列为《经典常谈》第四篇。《诗经》是我国第一部诗歌总集,原名《诗》,或称"诗三百",共有305篇,主要收集周初至春秋中叶五百年间的作品,编定于公元前6世纪,反映西周至春秋中叶生活的各个方面。

内容要点:

1. 诗的源头是歌谣。上古时候,没有文字,只有唱的歌谣,没有写成完篇的诗。后来有了文字,乐官们收集天下歌谣以供宴饮、祭祀等用途,人们便将歌谣记录下来,形成最初的诗。

2. 到了战国时代,贵族渐渐衰落,职业的乐工纷纷散走,乐谱就此失传,但是还有三百来篇唱词儿流传下来,便形成了《诗经》。春秋时宴饮必赋诗作乐,都从诗篇中取义以用之,孔子删诗来定篇,诗的本义渐远,取而代之的是用诗来寓意抒怀。

3. 到了儒家这里,孔子用"思无邪"一句话概括"诗三百",采取了断章取义的办法,用诗来讨论做学问做人的道理,传统讲"诗言志",就是泛指教化而言。解释训诂《诗经》名家有毛氏的《诗传》和郑玄的《诗笺》,主要作教化之用。

4. 《诗》有《大序》和《小序》之分,《大序》主要是概说《诗》的教化作用,而教化的方法,主要是建立在"六义"上,所谓的风、雅、颂、赋、比、兴。赋是"直陈其事",比兴是"主文而谲谏",不直陈而譬喻叫"主文",委婉讽刺叫"谲谏"。《小序》是毛氏两个人所作。郑玄给《诗经》按着国别和篇目顺序,附合史料,编成《诗谱》,定了时代。

歌谣：诗和歌谣都是文学载体，歌谣往往是民间的口头传统，含有感人肺腑情感和摇曳多变的形象。诗是从歌谣提炼发展而来的，更注重文字的表达和节奏的掌控。

一唱三叹：一人唱歌，三人相和。后以形容音乐或诗文优美，富有余味，令人回味无穷，赞赏不已。

葛天氏：传说中的远古部落。相传有葛天氏之乐，操牛尾而歌，共八曲。

块垒：累积而起的块状物，比喻郁结在内心的愁闷不平的事情。

并行不悖：同时进行不冲突。

　　诗的源头是歌谣。上古时候，没有文字，只有唱的歌谣，没有写的诗。一个人高兴的时候或悲哀的时候，常愿意将自己的心情诉说出来，给别人或自己听。日常的言语不够劲儿，便用歌唱；一唱三叹的叫别人回肠荡气。唱叹再不够的话，便手也舞起来了，脚也蹈起来了，反正要将劲儿使到了家。碰到节日，大家聚在一起酬神作乐，唱歌的机会更多。或一唱众和，或彼此竞胜。传说葛天氏的乐八章，三个人唱，拿着牛尾，踏着脚①，似乎就是描写这种光景。歌谣越唱越多，虽没有书，却存在人的记忆里。有了现成的歌儿，就可借他人酒杯，浇自己块垒；随时拣一支合式的唱唱，也足可消愁解闷。若没有完全合式的，尽可删一些改一些，到称意为止。流行的歌谣中往往不同的词句并行不悖，就是为此。可也有经过众人修饰，成为定本的。歌谣真可说是"一人的机锋，多人的智慧"了②。

　　歌谣可分为徒歌和乐歌。徒歌是随口唱，乐歌是随着乐器唱。徒歌也有节奏，手舞脚蹈便是帮助节奏的；可是乐歌的节奏更规律化些。乐器在中国似乎早

---

① 《吕氏春秋·古乐篇》。
② 英美吉特生《英国民歌论说》。译文据周作人《自己的园地》"歌谣"章。

荷塘双鸭图 清 恽寿平

就有了,《礼记》里说的土鼓、土槌儿、芦管儿[①],也许是我们乐器的老祖宗。到了《诗经》时代,有了琴瑟钟鼓,已是洋洋大观了。歌谣的节奏最主要的靠重叠或叫复沓;本来歌谣以表情为主,只要翻来覆去将情表到了家就成,用不着费话。重叠可以说原是歌谣的生命,节奏也便建立在这上头。字数的均齐,韵脚的调协,似乎是后来发展出来的。有了这些,重叠才在诗歌里失去主要的地位。

> 复沓:又叫复唱,指句子和句子之间可以更换少数的词语,是诗歌创作中常见的一种艺术手法,达到加强节奏和突出思想的效果。

有了文字以后,才有人将那些歌谣记录下来,便是最初的写的诗了。但纪录的人似乎并不是因为欣赏的缘故,更不是因为研究的缘故。他们大概是些乐工,乐工的职务是奏乐和唱歌;唱歌得有词儿,一面是口头传授,一面也就有了唱本儿。歌谣便是这么写下来的。我们知道春秋时的乐工就和后世阔人家的戏班子一样,老板叫作太师。那时各国都养着一班乐工,各国使臣来往,宴会时都得奏乐唱歌。太师们不但得搜集本国乐歌,还得搜集别国乐歌。不但搜集乐词,还得搜集乐谱。那时的社会有贵族与平民两级。太师们是伺候贵族的,所搜集的歌儿自然得合贵族们的口味;平民的作品是不会入选的。他们搜得的歌谣,有些是乐歌,有些是徒歌。徒歌得合乐才好用。合乐的时候,往往得增加重叠的字句或章节,便不能保存歌词的原来样子。除了这种搜集的歌谣以外,太师们所保存的还有贵族们为了特种事情,如祭祖、宴客、房屋落成、

> 乐工:是指掌管音乐的官吏。

> 太师:古代负责掌管乐工的长官。

> 祭祖:祭祀祖先。

---

① "土鼓""蒉桴"见《礼运》和《明堂位》,"苇"见《明堂位》。

出兵、打猎等等作的诗。这些可以说是典礼的诗。又有讽谏、颂美等等的献诗；献诗是臣下作了献给君上，准备让乐工唱给君上听的，可以说是政治的诗。太师们保存下这些唱本儿，带着乐谱；唱词儿共有三百多篇，当时通称作"诗三百"。到了战国时代，贵族渐渐衰落，平民渐渐抬头，新乐代替了古乐，职业的乐工纷纷散走。乐谱就此亡佚。但是还有三百来篇唱词儿流传下来，便是后来的《诗经》了[①]。

"诗言志"是一句古话；"诗"（詩）这个字就是"言""志"两个字合成的。但古代所谓"言志"和现在所谓"抒情"并不一样；那"志"总是关联着政治或教化的。春秋时通行赋诗。在外交的宴会里，各国使臣往往得点一篇诗或几篇诗叫乐工唱。这很像现在的请客点戏，不同处是所点的诗句必加上政治的意味。这可以表示这国对那国或这人对那人的愿望、感谢、责难等等，都从诗篇里断章取义。断章取义是不管上下文的意义，只将一章中一两句拉出来，就当时的环境，作政治的暗示。如《左传》襄公二十七年，郑伯宴晋使赵孟于垂陇，赵孟请大家赋诗，他想看看大家的"志"。子太叔赋的是《野有蔓草》。原诗首章云："野有蔓草，零露漙兮。有美一人，清扬婉兮。邂逅相遇，适我愿兮。"子太叔只取末两句，借以表示郑国欢迎赵孟的意思，上文他就不管。全诗原是男女私情之作，他更不管了。可是这样办正是"诗言志"；在那回宴

> 野有蔓草……适我愿兮：郊野蔓延着碧草，落下的水珠闪闪发光，有一个美丽的女子，眉目清秀妩媚动人，没有约定却相遇了，正是我想要找到的姑娘。

---

① 今《诗经》共三百十一篇，其中六篇有目无诗，实存三百零五篇。

会里，赵孟就和子太叔说了"诗以言志"这句话。

到了孔子时代，赋诗的事已经不行了，孔子却采取了断章取义的办法，用诗来讨论做学问做人的道理。"如切如磋，如琢如磨"①，本来说的是治玉，将玉比人。他却用来教训学生做学问的工夫②。"巧笑倩兮，美目盼兮，素以为绚兮"③，本来说的是美人，所谓天生丽质。他却拉出末句来比方作画，说先有白底子，才会有画，是一步步进展的；作画还是比方，他说的是文化，人先是朴野的，后来才进展了文化——文化必须修养而得，并不是与生俱来的④。他如此解诗，所以说"思无邪"一句话可以包括"诗三百"的道理⑤；又说诗可以鼓舞人，联合人，增加阅历，发泄牢骚，事父事君的道理都在里面⑥。孔子以后，"诗三百"成为儒家的六经之一，《庄子》和《荀子》里都说到"诗言志"，那个"志"便指教化而言。

但春秋时列国的赋诗只是用诗，并非解诗；那时诗的主要作用还在乐歌，因乐歌而加以借用，不过是一种方便罢了。至于诗篇本来的意义，那时原很明白，用不着讨论。到了孔子时代，诗已经不常歌唱了，诗篇本来的意义，经过了多年的借用，也渐渐含糊了。他

---

> 如切如磋，如琢如磨：切、磋、琢、磨指的是工艺品进行加工。《尔雅·释器》："骨谓之切，象（象牙）谓之磋，玉谓之琢，石谓之磨。"这句用来比喻研究学问和陶冶情操的精益求精。
>
> 巧笑倩兮，美目盼兮，素以为绚兮：有酒窝的笑，黑白分明的眼，美丽极了，就像在白底上施彩。
>
> 思无邪：无邪念，归于纯正。

---

① 《卫风·淇奥》的句子。
② 《论语·学而》。
③ "巧笑倩兮，美目盼兮"，《卫风·硕人》的句子；"素以为绚兮"一句今已佚。
④ 《论语·八佾》。
⑤ "思无邪"，《鲁颂·駉》的句子；"思"是语词，无义。
⑥ 《论语·阳货》。

就按着借用的办法，根据他教授学生的需要，断章取义的来解释那些诗篇。后来解释《诗经》的儒生都跟着他的脚步走。最有权威的毛氏《诗传》和郑玄《诗笺》差不多全都是断章取义，甚至断句取义——断句取义是在一句两句里拉出一个两个字来发挥，比起断章取义，真是变本加厉了。

毛氏有两个人：一个毛亨，汉时鲁国人，人称为大毛公，一个毛苌，赵国人，人称为小毛公；是大毛公创始《诗经》的注解，传给小毛公，在小毛公手里完成的。郑玄是东汉人，他是专给毛"传"作"笺"的，有时也采取别家的解说；不过别家的解说在原则上也还和毛氏一鼻孔出气，他们都是以史证诗。他们接受了孔子"无邪"的见解，又摘取了孟子的"知人论世"①的见解，以为用孔子的诗的哲学，别裁古代的史说，拿来证明那些诗篇是什么时代作的，为什么事作的，便是孟子所谓"以意逆志"②。其实孟子所谓"以意逆志"倒是说要看全篇大意，不可拘泥在字句上，与他们不同。他们这样猜出来的作诗人的志，自然不会与作诗人相合；但那种志倒是关联着政治教化而与"诗言志"一语相合的。这样的以史证诗的思想，最先具体的表现在《诗序》里。

以意逆志：用自己的心思去揣摩别人的意图。

《诗序》有"大序""小序"。"大序"好像总论，托名子夏，说不定是谁作的。"小序"每篇一条，大约是大小毛公作的。以史证诗，似乎是"小序"的专

---

① ② 见《孟子·万章》。

山水人物图　明　陈洪绶

《诗经》第四　049

门任务；传里虽也偶然提及，却总以训诂为主，不过所选取的字义，意在助成序说，无形中有个一定方向罢了。可是"小序"也还是泛说的多，确指的少。到了郑玄，才更详密的发展了这个条理。他按着《诗经》中的国别和篇次，系统的附合史料，编成了《诗谱》，差不多给每篇诗确定了时代；"笺"中也更多的发挥了作为各篇诗的背景的历史。以史证诗，在他手里算是集大成了。

"大序"说明诗的教化作用；这种作用似乎建立在风、雅、颂、赋、比、兴，所谓"六义"上。"大序"只解释了风雅颂。说风是风化（感化）、讽刺的意思，雅是正的意思，颂是形容盛德的意思。这都是按着教化作用解释的。照近人的研究，这三个字大概都从音乐得名。风是各地方的乐调，"国风"便是各国土乐的意思。雅就是"乌"字，似乎描写这种乐的呜呜之音。雅也就是"夏"字，古代乐章叫作"夏"的很多，也许原是地名或族名。雅又分"大雅""小雅"，大约也是乐调不同的缘故。颂就是"容"，容就是"样子"；这种乐连歌带舞，舞就有种种样子了。风雅颂之外，其实还该有个"南"。南是南音或南调，《诗经》中《周南》《召南》的诗，原是相当于现在河南、湖北一带地方的歌谣。《国风》旧有十五，分出二"南"，还剩十三；而其中邶、鄘两国的诗，现经考定，都是卫诗，那么只有十一"国风"①了。颂有"周颂""鲁颂""商

赋：平铺直叙，铺陈。

比：类比。对人或物加以形象的比喻，使其特点更鲜明。

兴：以其他事物为发端，引起所要歌咏的内容。与诗歌内容有一定联系。该手法可增强诗歌的生动性和鲜明性。

大雅：多为王室贵族的作品，主要歌颂周王室祖先乃至武王、宣王的功绩。

小雅：主要是关于战争和劳役的作品，揭示周人的精神风貌和情感世界。

---

① 卫、王、郑、齐、魏、唐、秦、陈、桧、曹、豳。

颂","商颂"经考定实是"宋颂"。至于搜集的歌谣,大概是在二"南"、"国风"和"小雅"里。

　　赋比兴的意义,说数最多。大约这三个名字原都含有政治和教化的意味。赋本是唱诗给人听,但在"大序"里,也许是"直铺陈今之政教善恶"①的意思。比兴都是"大序"所谓"主文而谲谏";不直陈而用譬喻叫"主文",委婉讽刺叫"谲谏"。说的人无罪;听的人却可警诫自己。

　　《诗经》里许多譬喻就在比兴的看法下,断章断句的硬派作政教的意义了。比兴都是政教的譬喻,但在诗篇发端的叫做兴。《毛传》只在有兴的地方标出,不标赋比;想来赋义是易见的,比兴虽都是曲折成义,但兴在发端,往往关系全诗,比较更重要些,所以便特别标出了。《毛传》标出的兴诗,共一百十六篇,"国风"中最多,"小雅"第二;按现在说,这两部分搜集的歌谣多,所以譬喻的句子也便多了。


**参考资料**

顾颉刚《诗经在春秋战国间的地位》(《古史辨》第三册下)。
顾颉刚《论诗经所录全为乐歌》(同上)。
朱自清《言志说》(《语言与文学》)。
朱自清《赋比兴说》(《清华学报》十二卷三期)。

---

① 《周礼·大师》郑玄注。

潇湘夜雨　明　沈宣

「三礼」第五

## 内容导读

"三礼"列为《经典常谈》第五篇，包括《周礼》《仪礼》《礼记》。"三礼"是古代社会礼仪制度和礼仪理论的集成，是各种典章制度的汇合，是古代道德规范的集中反映。《周礼》是记录古代政治制度的书，《仪礼》是记录古代冠昏射丧饮祭等仪节的书，《礼记》则重在阐发礼的价值和意义。

内容要点：

1.《周礼》《仪礼》《礼记》三礼的根本是"礼治"，儒家有拿礼来总括世间万物的野心，他们认为礼是一切治乱的根本。何谓礼治呢？若人人皆满足自己的欲望，就会造成社会的混乱。要解决这一问题，就得定出尊卑长幼的秩序，是所谓"天地君亲师"。天地代表生命本源；亲是祖先，是家族的本源；君师是国家政教的本源。人情不能忘本，是为三个本源，这便是礼治主义。

2. 礼治建立一套规矩。立政治规矩来别贵贱，序长幼，各司其职；立祭祀规矩来祭天地山川，祭拜先人；立日常规矩来调节运行婚丧嫁娶，使一切日常生活都有了一整套程序和规矩。所谓王道不外乎人情，礼也是王道的一部分。

3. 从来礼乐并称，但其实乐附属于礼，乐是礼的一部分。乐是用来补助仪文的不足的，因为乐可以让人平心静气，互相和爱，有劝导人心向善、移民风易世俗的功用。

4.《礼记》是杂述礼制及其变迁的历史，或礼论之作。"记"里包含《古礼经》的部分内容。汉代流传至今的有《大戴礼记》和《小戴礼记》，后之所称《礼记》多专指《小戴礼记》。大戴是戴德，小戴是戴圣。

荀子：名况，字卿，战国末期赵国人。

分际：分，各自的本分地位；际，事物之间的关系。意为界限。

　　许多人家的中堂里，供奉着"天地君亲师"的大牌位。天地代表生命的本源。亲是祖先的意思，祖先是家族的本源。君师是政教的本源。人情不能忘本，所以供奉着这些。荀子只称这些为礼的三本[①]；大概是到了后世才宗教化了的。荀子是儒家大师。儒家所称道的礼，包括政治制度、宗教仪式、社会风俗习惯等等，却都加以合理的说明。从那"三本说"，可以知道儒家有拿礼来包罗万象的野心，他们认为礼为治乱的根本；这种思想可以叫作礼治主义。

　　怎样叫作礼治呢？儒家说初有人的时候，各人有各人的欲望，各人都要满足自己的欲望；没有界限，没有分际，大家就争起来了。你争我争，社会就乱起来了。那时君师们看了这种情形，就渐渐给定出礼来，让大家按着贵贱的等级，长幼的次序，各人得着自己该得的一份儿吃的喝的穿的住的，各人也做着自己该做一份儿工作。各等人有各等人的界限和分际；若是只顾自己，不管别人，任性儿贪多务得，偷懒图快活，这种人就得受严厉的制裁，有时候保不住性命。这种礼，教人节制，教人和平，建立起社会的秩序，可以说是政治制度。

―――――――

① 《礼论篇》。

万点青莲

清 任熊

天生万物，是个很古的信仰。这个天是个能视能听的上帝，管生杀，管赏罚。在地上的代表，便是天子，天子祭天，和子孙祭祖先一样。地生万物是个事实。人都靠着地里长的活着，地里长的不够了，便闹饥荒；地的力量自然也引起了信仰。天子诸侯祭社稷，祭山川，都是这个来由。最普遍的还是祖先的信仰。直到我们的时代，这个信仰还是很有力的。按儒家说，这些信仰都是"报本返始"①的意思。报本返始是庆幸生命的延续，追念本源，感恩怀德，勉力去报答的意思。但是这里面怕不单是怀德，还有畏威的成分。感谢和恐惧产生了种种祭典。儒家却只从感恩一面加以说明，看作礼的一部分。但这种礼教人恭敬，恭敬便是畏威的遗迹了。儒家的丧礼，最主要的如三年之丧，也建立在感恩的意味上；却因恩谊的亲疏，又定出等等差别来。这种礼，大部分可以说是宗教仪式。

　　居丧一面是宗教仪式，一面是普遍人事。普通人事包括一切日常生活而言。日常生活都需要秩序和规矩。居丧以外，如婚姻、宴会等大事，也各有一套程序，不能随便马虎过去；这样是表示郑重，也便是表示敬意和诚心。至于对人，事君，事父母，待兄弟姊妹，待子女，以及夫妇朋友之间，也都自有一番道理。按着尊卑的分际，各守各的道理，君仁臣忠，父慈子孝，兄友弟恭，夫妇朋友互相敬爱，才算能做人；人人能做人，天下便治了。就是一个人饮食言动，也都该有个规矩，别叫旁人难过，更别侵犯着旁人，反正

---

① 《礼记·郊特牲》。

社稷：社指的是土神，稷指的是谷神。社稷代表国家。

祭典：祭祀的礼仪法度。

君仁臣忠：国君仁爱，臣子忠心。

父慈子孝：父母慈祥关爱，子女孝敬顺从。

兄友弟恭：哥哥对弟弟友爱，弟弟对哥哥恭敬。

诸事都记得着自己的份儿。这些个规矩也是礼的一部分；有些固然含着宗教意味，但大部分可以说是风俗习惯。这些风俗习惯有一些也可以说是生活的艺术。

王道不外乎人情，礼是王道的一部分。按儒家说的是通乎人情的①。既通乎人情，自然该诚而不伪了。但儒家所称道的礼，并不全是实际施行的。有许多只是他们的理想，这种就不一定能通乎人情了。就按那些实际施行的说，每一个制度、仪式或规矩，固然都有它的需要和意义。但是社会情形变了，人的生活跟着变；人的喜怒爱恶，虽然还是喜怒爱恶，可是对象变了。那些礼惰性却很大，并不跟着变。这就留下了许许多多遗形物，没有了需要，没有了意义；不近人情的伪礼，只会束缚人。《老子》里攻击礼，说"有了礼，忠信就差了"②；后世有些人攻击礼，说"礼不是为我们定的"③；近来大家攻击礼教，说"礼教是吃人的"。这都是指着那些个伪礼说的。

从来礼乐并称，但乐实在是礼的一部分；乐附属于礼，用来补助仪文的不足。乐包括歌和舞，是"人情之所必不免"的④。不但是"人情之所必不免"，而且乐声的绵延和融和也象征着天地万物的"流而不息，合同而化"⑤。这便是乐本。乐教人平心静气，互相和爱，教人联合起来，成为一整个儿。人人能够平心静气，

> 王道不外乎人情：治理天下的道理不超出或者说无非就是讲求人情、人性、人伦。
>
> 诚而不伪：待人真诚，不虚情假意。
>
> 礼乐：形式内容包括礼仪、音乐。中国的文化，非常重视礼乐。"礼"就是指各种礼节规范，"乐"则包括音乐和舞蹈。

---

① 《礼记·乐记》。
② 《老子》三十八章。
③ 阮籍语，原文见《世说新语·任诞》。
④ 《荀子·乐论篇》，《礼记·乐记》。
⑤ 《礼记·乐记》。

互相和爱，自然没有贪欲、捣乱、欺诈等事，天下就治了。乐有改善人心、移风易俗的功用，所以与政治是相通的。按儒家说，礼、乐、刑、政，到头来只是一个道理；这四件都顺理成章了，便是王道。这四件是互为因果的。礼坏乐崩，政治一定不成；所以审乐可以知政①。"治世之音安以乐，其政和；乱世之音怨以怒，其政乖；亡国之音哀以思，其民困。"②吴公子季札到鲁国观乐，乐工奏哪一国的乐，他就知道是哪一国的；他是从乐歌里所表现的政治气象而知道的③。歌词就是诗；诗与礼乐也是分不开的。孔子教学生要"兴于诗，立于礼，成于乐"④；那时要养成一个人才，必需学习这些。这些诗、礼、乐，在那时代都是贵族社会所专有，与平民是无干的。到了战国，新声兴起，古乐衰废，听者只求悦耳，就无所谓这一套乐意。汉以来胡乐大行，那就更说不到了。

古代似乎没有关于乐的经典，只有《礼记》里的《乐记》，是抄录儒家的《公孙尼子》等书而成，原本已经是战国时代的东西了。关于礼，汉代学者所传习的有三种经和无数的"记"。那三种经是《仪礼》《礼古经》《周礼》。《礼古经》已亡佚，《仪礼》和《周礼》相传都是周公作的。但据近来的研究，这两部书实在是战国时代的产物。《仪礼》大约是当时实施的礼制，但多半只是士的礼。那些礼是很繁琐的，踵事增华的

《乐记》：是最早一部体系较为完备的音乐理论著作，是戴圣所辑《礼记》第十九篇的篇名。

《礼古经》：共五十六卷，出于鲁国的淹中和孔氏壁中。后来亡佚无考了。

踵事增华：继承前人事业，使之更加完善美好。

---

① ②《礼记·乐记》。
③《左传》襄公二十九年。
④《论语·泰伯》。

多，表示诚意的少，已经不全是通乎人情的了。《仪礼》可以说是宗教仪式和风俗习惯的混合物；《周礼》却是一套理想的政治制度。那些制度的背景可以看出是战国时代；但组成了整齐的系统，便是著书人的理想了。

"记"是儒家杂述礼制、礼制变迁的历史，或礼论之作；所述的礼制有实施的，也有理想的。又叫作《礼记》：这《礼记》是一个广泛的名称。这些"记"里包含着《礼古经》的一部分。汉代所见的"记"很多，但流传到现在的只有三十八篇《大戴记》和四十九篇《小戴记》。后世所称《礼记》，多半专指《小戴记》说。大戴是戴德；小戴是戴圣，戴德的侄儿。相传他们是这两部书的编辑人。但二戴都是西汉的《仪礼》专家。汉代有"五经"博士；凡是一家一派的经学影响大的，都可以立博士。大戴仪礼学后来立了博士，小戴本人就是博士。汉代经师的家法最严，一家的学说里绝不能掺杂别家。但现存的两部"记"里都各掺杂着非二戴的学说。所以有人说这两部书是别人假托二戴的名字纂辑的；至少是二戴原书多半亡佚，由别人拉杂凑成的，——可是成书也还在汉代。——这两部书里《小戴记》容易些，后世诵习的人比较多些，所以差不多专占了《礼记》的名字。

**参考资料**

洪业《礼记引得序》。
《仪礼引得序》。

萧山任颐仿宋人粉本于颐性室

石室参禅图轴　清　任预

兰亭修禊图卷（局部） 明 钱榖

「春秋三传」第六
（国语附）

# 内容导读

"春秋三传"列为《经典常谈》第六篇,三传为《左传》《公羊传》《穀梁传》。三传之中,《公羊传》《穀梁传》两家以解经为主,所以咬文嚼字得更利害些;左氏以叙事为主,《左传》是《春秋左氏传》的简称,又名《左氏春秋》,相传《左传》是左丘明为传述《春秋》而著。《左传》记事多与《春秋》重合,但也补充了一些战国初年的史料,把简短记事发展成为完整的叙事作品,以记事为纲,增加了史实和传说。

**内容要点:**

1. 三传特别注重《春秋》的劝惩作用。三传解释经文时,常常不顾上下文穿凿附会起来;三传之中,公羊、穀梁两家全以解经为主,喜欢对文字进行细细斟酌,以显文字之所长。《左传》为鲁国左丘明所著,以叙事为主,参考各种典籍,详细叙述历史事迹,常常引用孔子及其他圣贤所注或评析史实的言论,吟哦之间,尽显言辞之幽微,自成一说。

2. "春秋"是古代记事史书的通称,是因为古代朝廷大事,多在春、秋二季举行。而作为五经之一的《春秋》,相传是孔子所作,或者可以说是孔子增删修订的《鲁春秋》,是现存第一部编年体史书。

3. 古代史官记事,有两种目的:一是征实,二是劝惩。三传特别注重《春秋》的劝惩作用;征实与否,倒在其次。按三传的看法,《春秋》大义可以从两方面说:一是明辨是非,劝善惩恶,提倡德义,从成败里见教训;二是夸扬霸业,推尊周室,亲爱国家,排斥夷狄,实现民族大一统的理想。前者可以作为明君的镜鉴之作,后者可以为拨乱反正的程序。

"春秋"是古代记事史书的通称。古代朝廷大事，多在春秋二季举行，所以记事的书用这个名字。各国有各国的春秋，但是后世不传了。传下的只有一部《鲁春秋》，《春秋》成了它的专名，便是《春秋经》了。传说这部《春秋》是孔子作的,至少是他编的。鲁哀公十四年，鲁西有猎户打着一只从没有见过的独角怪兽，想着定是个不祥的东西，将它扔了。这个新闻传到孔子那里，他便去看。他一看，就说："这是麟啊，为谁来的呢！干什么来的呢！唉唉！我的道不行了！"说着流下泪来，赶忙将袖子去擦，泪点儿却已滴到衣襟上。原来麟是个仁兽，是个祥瑞的东西；圣帝明王在位，天下太平，它才会来，不然是不会来的。可是那时代哪有圣帝明王？天下正乱纷纷的,麟来的真不是时候，所以让猎户打死；它算是倒了运了。

孔子这时已经年老，也常常觉着生的不是时候，不能行道；他为周朝伤心，也为自己伤心。看了这只死麟，一面同情它，一面也引起自己的无限感慨。他觉得生平说了许多教；当世的人君总不信他，可见空话不能打动人。他发愿修一部《春秋》，要让人从具体的事例里，得到善恶的教训，他相信这样得来的教训，比抽象的议论深切著明的多。他觉得修成了这部《春秋》，虽然不能行道，也算不白活一辈子。这便动起手来，九个月书就成功了。书起于鲁隐公，终于获麟；因获麟有感而作，所以叙到获麟绝笔，是纪念的意思。但是《左传》里所载的《春秋经》，获麟后还有，而且在记了"孔子卒"的哀公十六年后还有：据说那都是他的弟

诗文山水　清 华嵒

蒼寒一帶島
客居清泚環灣
集小渠潮響暗
通廊宛轉玄枝
為佛檻扶跌難
爭懷在秋冬隙
取賣心當月露
餘百尺樓坫店
犄卧白雲閒護
滿床書

子们续修的了。

　　这个故事虽然够感伤的，但我们从种种方面知道，它却不是真的。《春秋》只是鲁国史官的旧文，孔子不曾掺进手去。《春秋》可是一部信史，里面所记的鲁国日食，有三十次和西方科学家所推算的相合，这决不是偶然的。不过书中残阙、零乱和后人增改的地方，都很不少。书起于隐公元年，到哀公十四年止，共二百四十二年（西元前七二二至前四八一）；后世称这二百四十二年为春秋时代。书中纪事按年月日，这叫作编年。编年在史学上是个大发明；这教历史系统化，并增加了它的确实性。《春秋》是我国现存的第一部编年史。书中虽用鲁国纪元，所记的却是各国的事，所以也是我们第一部通史。所记的齐桓公、晋文公的霸迹最多；后来说尊王攘夷是《春秋》大义，便是从这里着眼。

　　古代史官记事，有两种目的：一是征实，二是劝惩。像晋国董狐不怕权势，记"赵盾弑其君"①，齐国太史记"崔杼弑其君"②，虽杀身不悔，都为的是征实和惩恶，作后世的鉴戒。但是史文简略，劝惩的意思有时不容易看出来，因此便需要解说的人。《国语》记楚国申叔时论教太子的科目，有"春秋"一项，说"春秋"有奖善惩恶的作用，可以戒劝太子的心。孔子是第一个开门授徒，拿经典教给平民的人，《鲁春秋》也该

---

① 《左传》宣公二年。
② 《左传》襄公二十五年。

**信史**：意思是较为翔实可靠的史书，也指纪事真实可信、无所讳饰的史籍，有文字记载，或有实物印证的历史。

**编年史**：即编年体史书，它以时间为经，以事件为纬来记录历史事件，有助于按时间了解历史。

**尊王攘夷**：尊是尊崇；攘是排斥、抵御。意思是尊崇周王的权力，维护周王朝的宗法制度，对入侵中原的戎夷进攻进行抵御。

**赵盾弑其君**：赵盾在辅佐晋灵公时，晋灵公欲除掉赵盾。赵盾只好逃走，逃到晋国边境时，赵盾族弟赵穿在桃园把晋灵公杀了，于是赵盾返回继续执政。史官董狐在史书中留下赵盾杀君主的记录。

是他的一种科目。关于劝惩的所在，他大约有许多口义传给弟子们。他死后，弟子们散在四方，就所能记忆的又教授开去。《左传》《公羊传》《穀梁传》，所谓"春秋三传"里，所引孔子解释和评论的话，大概就是指的这一些。

三传特别注重《春秋》的劝惩作用；征实与否，倒在其次。按三传的看法，《春秋》大义可以从两方面说：明辨是非，分别善恶，提倡德义，从成败里见教训，这是一；夸扬霸业，推尊周室，亲爱中国，排斥夷狄，实现民族大一统的理想，这是二。前者是人君的明鉴，后者是拨乱反正的程序。这都是王道。而敬天事鬼，也包括在王道里。《春秋》里记灾，表示天罚，记鬼，表示恩仇，也还是劝惩的意思。古代记事的书常夹杂着好多的迷信和理想，《春秋》也不免如此；三传的看法，大体上是对的。但在解释经文的时候，却往往一个字一个字地咬嚼；这一咬嚼，便不顾上下文穿凿傅会起来了。《公羊》《穀梁》，尤其如此。

这样咬嚼出来的意义就是所谓"书法"，所谓"褒贬"，也就是所谓"微言"。后世最看重这个。他们说孔子修《春秋》，"笔则笔，削则削"①，"笔"是书，"削"是不书，都有大道理在内。又说一字之褒，比教你作王公还荣耀，一字之贬，比将你作罪人杀了还耻辱。本来孟子说过，"孔子成《春秋》而乱臣贼子惧"②，那

> 春秋三传：《春秋》记事非常简单，近乎大事年表，于是有人为它作"传"——注释，而且有"三传"，《春秋》三传都是以作者的姓氏命名的。《公羊传》作者公羊高，《穀梁传》作者穀梁赤，《左传》作者左丘明。依《春秋》而作，参考群籍，详述史事。

> 穿凿傅会：意思是生拉硬扯，解释比较勉强，不太顺理而为。

> 孔子成《春秋》而乱臣贼子惧：孔子编撰《春秋》完成后，直书史事，字寓褒贬，使叛乱的臣子和祸国的贼寇感到害怕。

---

① 《史记·孔子世家》。
② 《孟子·滕文公下》。

似乎只指概括的劝惩作用而言。等到褒贬说发展，孟子这句话倒像更坐实了。而孔子和《春秋》的权威也就更大了。后世史家推尊孔子，也推尊《春秋》，承认这种书法是天经地义；但实际上他们并不照三传所咬嚼出来的那么穿凿傅会地办。这正和后世人尽管推尊《毛诗》"传""笺"里比兴的解释，实际上却不那样穿凿傅会的作诗一样。三传，特别是《公羊传》和《穀梁传》，和《毛诗》"传""笺"，在穿凿解经这件事上是一致的。

三传之中，公羊、穀梁两家全以解经为主，左氏却以叙事为主。公、穀以解经为主，所以咬嚼得更利害些。战国末期，专门解释《春秋》的有许多家，公、穀较晚出而仅存。这两家固然有许多彼此相异之处，但渊源似乎是相同的；他们所引别家的解说也有些是一样的。这两种《春秋》经传经过秦火，多有残阙的地方；到汉景帝武帝时候，才有经师重加整理，传授给人。公羊、穀梁只是家派的名称，仅存姓氏，名字已不可知。至于他们解经的宗旨，已见上文；《春秋》本是儒家传授的经典，解说的人，自然也离不开儒家，在这一点上，三传是大同小异的。

《左传》这部书，汉代传为鲁国左丘明所作。这个左丘明，有的说是"鲁君子"，有的说是孔子的朋友；后世又有说是鲁国的史官的[①]。这部书历来讨论的最多。汉时有"五经"博士。凡解说"五经"自成一

---

咬嚼：意思是解经有主观看法在里面，难免会因人而异。

残阙：即残损和缺漏。

景帝：刘启，西汉皇帝，在位时平定七国之乱。

武帝：刘彻，西汉皇帝，在位时加强集权、尊崇儒术、打通西域。

---

① 《史记·十二诸侯年表序》说是"鲁君子"，《汉书·刘歆传》说"亲见夫子"，"好恶与圣人同"，杜预《春秋序》说是"身为国史"。

家之学的，都可立为博士。立了博士，便是官学；那派经师便可作官受禄。当时《春秋》立了公、穀二传的博士。《左传》流传得晚些，古文派经师也给它争立博士。今文派却说这部书不得孔子《春秋》的真传，不如公、穀两家。后来虽一度立了博士，可是不久还是废了。倒是民间传习的渐多，终于大行！原来是公、穀不免空谈，《左传》却是一部仅存的古代编年通史（残缺又少），用处自然大得多。《左传》以外，还有一部分国记载的《国语》，汉代也认为左丘明所作，称为《春秋外传》。后世学者怀疑这一说的很多。据近人的研究，《国语》重在"语"，记事颇简略，大约出于另一著者的手，而为《左传》著者的重要史料之一。这书的说教，也不外尚德、尊天、敬神、爱民，和《左传》是很相近的。只不知著者是谁。其实《左传》著者我们也不知道，说是左丘明，但矛盾太多，不能教人相信。《左传》成书的时代大概在战国，比公、穀二传早些。

《左传》这部书大体依《春秋》而作；参考群籍，详述史事，征引孔子和别的"君子"解经评史的言论，吟味书法，自成一家言。但迷信卜筮，所记祸福的预言，几乎无不应验；这却大大违背了征实的精神，而和儒家的宗旨也不合了。晋范宁作《穀梁传序》说，"左氏艳而富，其失也巫"；"艳"是文章美，"富"是材料多，"巫"是多叙鬼神，预言祸福。这是句公平话。注《左传》的，汉人就不少了，但那些许多已散失；现存的只有晋杜预注，算是最古了。

杜预作《春秋序》，论到《左传》，说"其文缓，

《国语》：相传是左丘明所撰的一部国别体著作，以国为分类，以语为主，故得称名。上起于公元前990年，下至公元前453年，包括各国贵族间朝聘、宴飨、讽谏、辩说、应对的言辞及部分历史事件与传说等。

左氏艳而富，其失也巫：《左氏春秋传》文章文辞比较优美，材料也比较丰富，但缺点是比较多地叙述鬼神的事情，预言祸福也比较多。

其文缓，其旨远：文字比较委婉含蓄，里面蕴含的题旨比较远大深刻。

积雪图 明 恽向

雨过空亭听乱流 清 柳如是

其旨远","缓"委婉,"远"是含蓄。这不但是好史笔,也是好文笔。所以《左传》不但是史学的权威,也是文学的权威。《左传》的文学本领,表现在记叙辞令和描写战争上,春秋列国,盟会颇繁,使臣会说话不会说话,不但关系荣辱,并且关系利害,出入很大,所以极重辞令。《左传》所记当时君臣的话,从容委曲,意味深长。只是平心静气地说,紧要关头却不放松一步,真所谓恰到好处。这固然是当时风气如此,但不经《左传》著者的润饰工夫,也决不会那样在纸上活跃的。战争是个复杂的程序,叙得头头是道,已经不易,

委曲:委婉、曲折。

叙得有声有色，更难；这差不多全靠忙中有闲，透着优游不迫神儿，才成。这却正是《左传》著者所擅长的。

### 参考资料

洪业《春秋传引得序》。

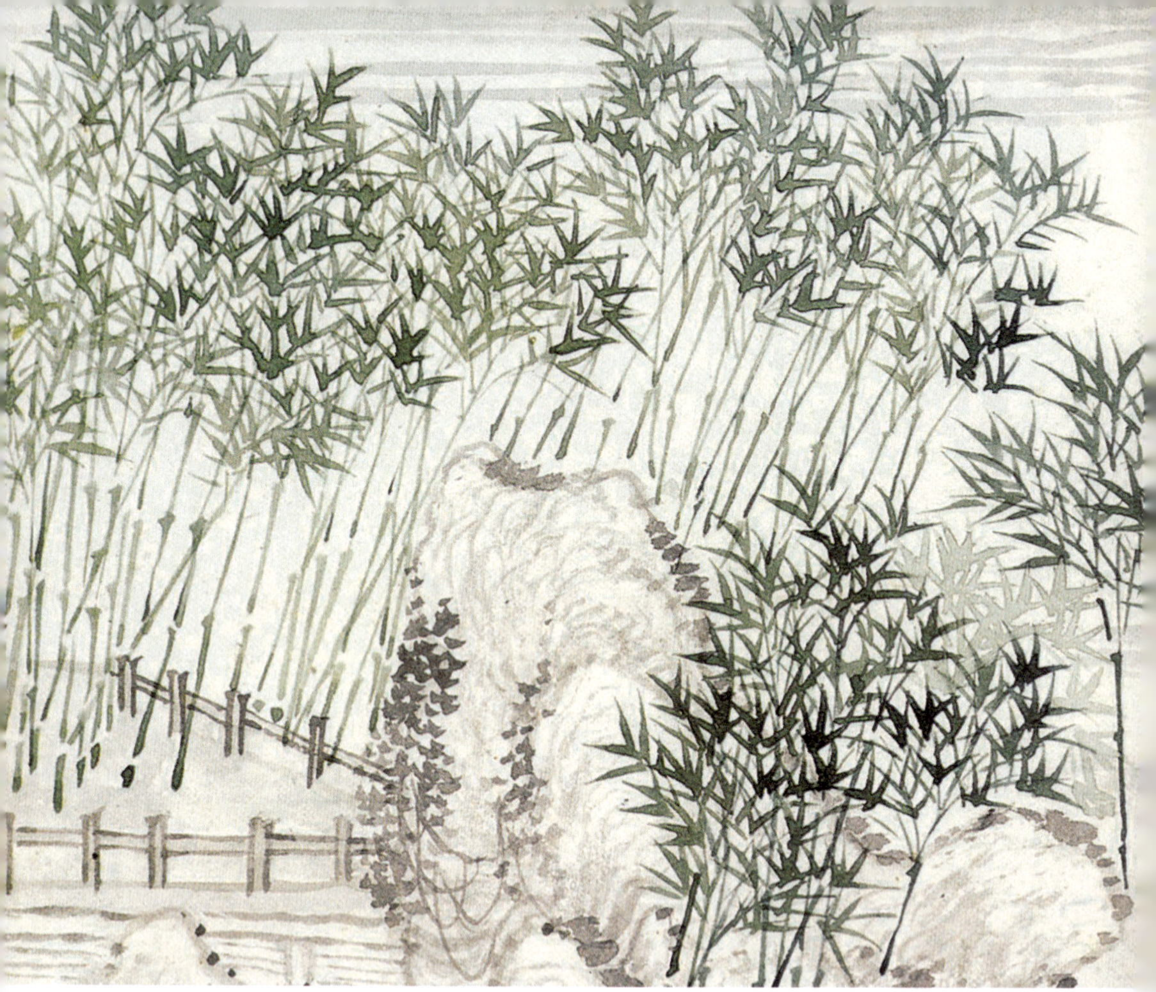

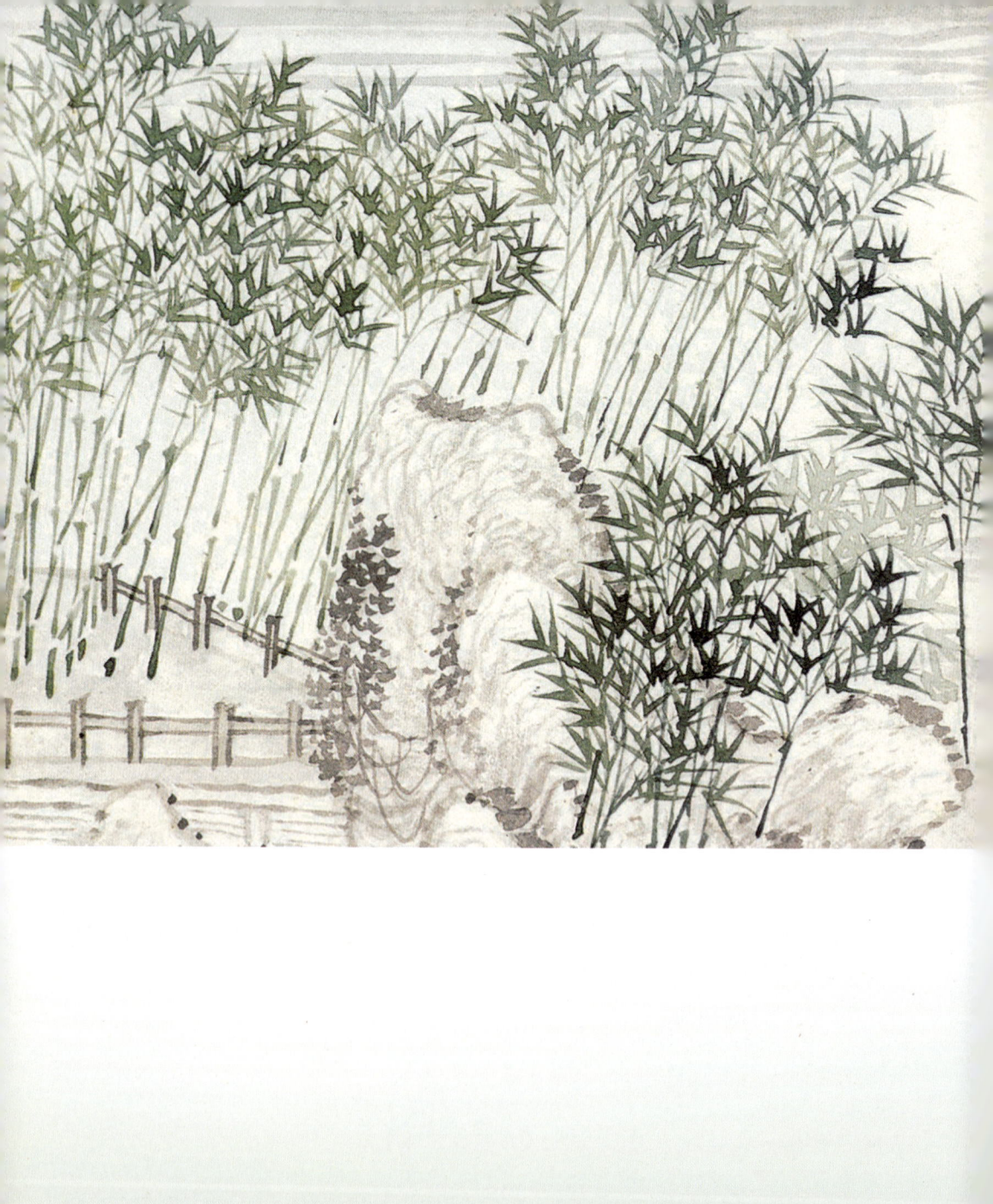

竹溪图（局部） 清 恽寿平

「四书」第七

## 内容导读

"四书"列为《经典常谈》第七篇,"四书"指的是《大学》《中庸》《论语》《孟子》四部儒家经典作品。《论语》为孔子弟子及再传弟子编纂的孔子及弟子的言行,《孟子》为孟子与弟子编纂的孟子言论汇编,《中庸》《大学》原为《礼记》中的两篇,传分别为子思、曾子所作。

内容要点:

1. 旧时科举私塾里,学生入学,便是从四书读起的。本来朱熹将《大学》《中庸》《论语》《孟子》合为"四书",不过是教人以成人,后代人读"四书"变成求取功名的敲门砖,违背了朱熹的本来意图。

2.《大学》是古来大学里教学生的方法,循序渐进地阐述了格物、致知、诚意、正心、修身、齐家、治国、平天下的人生奋斗理念。朱熹把《大学》从《礼记》中抽出,并分经传。

3. 从《大学》可以知道古之人做学问的基本程序,其中道理显得通俗易晓;《论语》是孔门弟子记录孔子的言语的,让后人学习许多做学问和做人的基本道理,传达了"君子""仁""忠恕"等可以一辈子勤加研习修行的学问。

4.《孟子》是孟子及弟子公孙丑、万章等人共同编定的,说"仁"兼说"义",提出要养"至大至刚""配义与道"的"浩然之气",远"利"而近"义",辩性善之论,对后世影响颇深。

5.《中庸》是孔门传授心法的书,相传为子思所作,书中蕴含人生的诸多哲理和看法,意味深长值得细细品味。何谓"中庸",曰:"'不偏'叫作'中','不易'叫作'庸';'中'是天下的正道,'庸'是天下的定理。"

朱熹：中国南宋时期理学家、思想家、哲学家、教育家、诗人。朱熹是"二程"（程颢、程颐）的三传弟子李侗的学生，与二程合称"程朱学派"。朱熹是理学集大成者，闽学代表人物，被后世尊称为"朱子"。他的理学思想影响很大，成为元、明、清三朝的官方哲学。

囫囵吞枣：做事或读书不加分析地笼统接受，没有细加考察和分析。

"四书五经"到现在还是我们口头上一句熟语。"五经"是《易》《书》《诗》《礼》《春秋》；"四书"按照普通的顺序是《大学》《中庸》《论语》《孟子》，前二者又简称《学》《庸》，后二者又简称《论》《孟》；有了简称，可见这些书是用得很熟的。本来呢，从前私塾里，学生入学，是从"四书"读起的。这是那些时代的小学教科书，而且是统一的标准的小学教科书，因为没有不用的。那时先生不讲解，只让学生背诵，不但得背正文，而且得背朱熹的小注。只要囫囵吞枣地念，囫囵吞枣地背；不懂不要紧，将来用得着，自然会懂的。怎么说将来用得着？那些时候行科举制度。科举是一种竞争的考试制度，考试的主要科目是八股文，题目都出在"四书"里，而且是朱注的"四书"里。科举分几级，考中的得着种种出身或资格，凭着这种资格可以建功立业，也可以升官发财；作好作歹，都得先弄个资格到手。科举几乎是当时读书人唯一的出路。每个学生都先读"四书"，而且读的是朱注，便是这个缘故。

将朱注"四书"定为科举用书，是从元仁宗皇庆二年（西元一三一三）起的。规定这四种书，自然因为这些书本身重要，有人人必读的价值；规定朱注，也因为朱注发明书义比旧注好些，切用些。这四种书

山松　清　杜湘

《大学通义》：又名《大学广义》，是为《大学》作的注释和疏解。

程颢：字伯淳，号明道，世称"明道先生"，河南府洛阳人，北宋理学家、教育家、"洛学"代表人物。

程颐：字正叔，世称"伊川先生"，北宋理学家、教育家。程颢之弟。

子思：孔伋，字子思，鲁国人，孔子的嫡孙。

原来并不在一起，《学》《庸》都在《礼记》里，《论》《孟》是单行的。这些书原来只算是诸子书，朱子原来也只称为"四子"，但《礼记》《论》《孟》在汉代都立过博士，已经都升到经里去了。后来唐代的"九经"里虽然只有《礼记》，宋代的"十三经"却又将《论》《孟》收了进去[1]。《中庸》很早就被人单独注意，汉代已有关于《中庸》的著作，六朝时也有，可惜都不传了[2]。关于《大学》的著作却直到司马光的《大学通义》才开始，这部书也不传了。这些著作并不曾教《学》《庸》普及，教《学》《庸》和《论》《孟》同样普及的是朱子的注，四书也是他编在一起的，四书的名字也因他而有。

但最初用力提倡这几种书的是程颢、程颐兄弟。他们说："《大学》是孔门的遗书，是初学者入德的门径。只有从这部书里，还可以知道古人做学问的程序。从《论》《孟》里虽也可看出一些，但不如这部书的分明易晓。学者必须从这部书入手，才不会走错了路。"[3]

这里没提到中庸。可是他们是很推尊《中庸》的。他们在另一处说："'不偏'叫作'中'，'不易'叫作'庸'；'中'是天下的正道，'庸'是天下的定理。《中庸》是孔门传授心法的书，是子思记下来传给孟子的。

---

[1] 九经：《易》、《书》、《诗》、三礼、《春秋》三传。十三经：《易》、《书》、《诗》、三礼、《春秋》三传、《论语》、《孝经》、《尔雅》、《孟子》。
[2]《汉书·艺文志》有《中庸说》二篇，《隋书·经籍志》有戴颙《中庸传》二卷，梁武帝《中庸讲疏》一卷。
[3] 原文见《大学章句》卷头。

书中所述的人生哲理，意味深长；会读书的细加玩赏，自然能心领神悟，终身受用不尽。"①这四种书到了朱子手里才打成一片。他接受二程的见解，加以系统的说明，四种书便贯串起来了。

他说，古来有小学大学。小学里教洒扫进退的规矩，和礼、乐、射、御、书、数，所谓"六艺"的。大学里教穷理、正心、修己、治人的道理。所教的都切于民生日用，都是实学。《大学》这部书便是古来大学里教学生的方法，规模大，节目详；而所谓"格物、致知、诚意、正心、修身、齐家、治国、平天下"，是循序渐进的。程子说是"初学者入德的门径"，就是为此。这部书里的道理，并不是为一时一事说的，是为天下后世说的。这是"垂世立教的大典"②，所以程子举为初学者的第一部书。《论》《孟》虽然也切实，却是"应机接物的微言"③，问的不是一个人，记的也不是一个人。浅深先后，次序既不分明，抑扬可否，用意也不一样，初学者领会较难。所以程子放在第二步。至于《中庸》，是孔门的心法，初学者领会更难，程子所以另论。

但朱子的意思，有了《大学》的提纲挈领，便能领会《论》《孟》里精微的分别去处；融贯了《论》《孟》旨趣，也便能领会《中庸》里的心法。人有人心和道心；人心是私欲，道心是天理。人该修养道心，克制

洒扫进退：洒水打扫门庭，知晓迎送客人。

循序渐进：按照一定的顺序、步骤渐渐进步。

垂世立教：把典籍和文献等流传到后世，立为教育的规范与准则。

应机接物：根据情境应接事物。

提纲挈领：抓住网的总绳，提住衣服的领子，形容把问题简明扼要地提示出来。

---

① ② 原文见《中庸章句》卷头。
③ 朱子《大学或问》卷一。

桃花春（局部） 清 任伯年

人心，这是心法。朱子的意思，不领会《中庸》里的心法，是不能从大处着眼，读天下的书，论天下的事的。他所以将《中庸》放在第三步，和《大学》《论》《孟》合为"四书"，作为初学者的基础教本。后来规定"四书"为科举用书，原也根据这番意思。不过朱子教人读"四书"，为的成人，后来人读"四书"，却重在猎取功名；这是不合于他提倡的本心的。至于顺序变为《学》《庸》《论》《孟》，那是书贾因为《学》《庸》篇页不多，合为一本的缘故；通行既久，居然约定俗成了。

《礼记》里的《大学》，本是一篇东西，朱子给分成经一章，传十章；传是解释经的。因为要使传合经，他又颠倒了原文的次序，并补上一段儿。他注《中庸》时，虽没有这样大的改变，可是所分的章节，也与郑玄注的不同。所以这两部书的注，称为《大学章句》《中庸章句》。《论》《孟》的注，却是融合各家而成，所以称为《论语集注》《孟子集注》。《大学》的经一章，朱子想着是曾子追述孔子的话；传十章，他相信是曾子的意思，由弟子们记下的。《中庸》的著者，朱子和程子一样，都接受《史记》的记载，认为是子思①。但关于书名的解释，他修正了一些。他说，"中"除"不偏"外，还有"无过无不及"的意思；"庸"解作"不易"，不如解作"平常"的好②。照近人的研究，《大学》的思想和文字，很有和荀子相同的地方，大概是荀子

大处着眼：从大的方面来观察和思考问题，抓住主要矛盾。

约定俗成：指事物的名称或习惯往往是经过长期实践不断调整确定稳固下来。

使传合经：使注释和解说的内容符合经典上所说的话的本意。

《孟子集注》：是朱熹借助经典诠释来创新思想体系，重视古注，追求本义，既有对经典的尊重，又有对时代的呼应。

无过无不及：做事不能不到位，又不能过头了，逾越了界限。

---

① 《孔子世家》。
② 《中庸或问》卷一。

学派的著作。《中庸》首尾和中段思想不一贯，从前就有人疑心。照近来的看法，这部书的中段也许是子思原著的一部分，发扬孔子的学说，如"时中""忠恕""知仁勇""五伦"等。首尾呢，怕是另一关于《中庸》的著作，经后人混合起来的，这里发扬的是孟子的天人相通的哲理，所谓"至诚""尽性"，都是的。著者大约是一个孟子学派。

《论语》是孔子弟子们记的。这部书不但显示一个伟大人格——孔子，并且让读者学习许多做学问做人的节目：如"君子""仁""忠恕"，如"时习""阙疑""好古""隅反""择善""困学"等，都是可以终身应用的。《孟子》据说是孟子本人和弟子公孙丑、万章等共同编定的。书中说"仁"兼说"义"，分辨"义""利"甚严；而辩"性善"，教人求"放心"，影响更大。又说到"养浩然之气"，那"至大至刚""配义与道"的"浩然之气"①，这是修养的最高境界，所谓天人相通的哲理。书中攻击杨朱、墨翟两派，词锋咄咄逼人。这在儒家叫作攻异端，功劳是很大的。孟子生在战国时代，他不免"好辩"，他自己也觉得的②；他的话流露着"英气"，有"圭角"，和孔子的温润是不同的。所以儒家只称"亚圣"，次于孔子一等③。《孟子》有东汉的赵岐注。《论语》有孔安国、马融、郑玄诸家注，却都已残佚，只零星的见于魏何晏的《集解》里。汉儒注经，多以训诂名物

时中：时指与时势相一致；中就是庸，指在天地自然之道的正中运行，不要太过，也不要达不到。

忠恕：忠指的是尽心为人，恕指的是推己及人。

至诚：极真诚，极忠诚。

尽性：充分发挥天赋的个性。

隅反：即类推，从一个方面可以推广到其他方面。

择善：采纳正确的意见或选择好的方法。

咄咄逼人：形容气势汹汹，盛气凌人。

圭角：指锋芒，有棱有角。

赵岐：字邠卿，京兆长陵县人，东汉末年经学家。

---

① 《公孙丑》。
② 《滕文公》。
③ 《孟子集注序说》引程子说。

山水人物　明　陈洪绶

为重；但《论》《孟》词意显明，所以只解释文句，推阐义理而止。魏晋以来，玄谈大盛，孔子已经道家化；解《论语》的也多参入玄谈，参入当时的道家哲学。这些后来却都不流行了。到了朱子，给《论》《孟》作注，虽说融会各家，其实也用他自己的哲学作架子。他注《学》《庸》，更显然如此。他的哲学切于世用，所以一般人接受了，将他解释的孔子当作真的孔子。

他那一套"四书"注实在用尽了平生的力量，改定至再至三；直到临死的时候，他还在改定《大学·诚意章》的注。注以外又作了《四书或问》，发扬注义，并论述对于旧说的或取或舍的理由。他在"四书"上这样下工夫，一面固然为了诱导初学者，一面还有一个用意，便是排斥老、佛，建立道统。他在《中庸章句序》里论到诸圣道统的传承，末尾自谦说，"于道统之传，不敢妄议"；其实他是隐隐在以传道统自期呢。《中庸》传授心法，正是道统的根本。将它加在《大学》《论》《孟》之后而成"四书"，朱子自己虽然说是给初学者打基础，但一大半恐怕还是为了建立道统，不过他自己不好说出罢了。他注"四书"在宋孝宗淳熙年间（西元一一七四至一一八九）。他死后朝廷将他的"四书"注审定为官书，从此盛行起来。他果然成了传儒家道统的大师了。

---

义理：言论或文章的内容和道理。

融会：融合与交会。

切于世用：切合并适宜用于具体运用。

《四书或问》：朱熹所撰，共三十九卷，朱熹以为诸家之说纷纷，因设为问答，明所以去取之意，于是写下了这本书。

于道统之传，不敢妄议：对儒家传道的脉络和系统这个传承体系，不敢随便乱说话。

官书：官方审定并通行天下的书籍。

山出云时云出山　清　王翚

《战国策》第八

# 内容导读

《战国策》列为《经典常谈》第八篇。《战国策》是汉代刘向在汉初蒯通整理和润饰的基础上把策士们纵横捭阖的口舌之辩记下来并加以编撰而成,主要反映的是战国时代策士们精彩的言辞论辩,共三十三篇,按国别编排,每篇由相对独立的单篇组成。

内容要点:

1.《战国策》上接春秋,下连楚汉之争,共二百零二年,是古代记录历史的一部重要文献,记述语言文辞绝妙,充满机锋和智慧,让人如见其人,如闻其声,如睹其形。战国时期诸国之间为了争霸纷争不断,频频发动征战,最后形成了齐、楚、秦、燕、赵、魏、韩"战国七雄"硝烟弥漫的群雄逐鹿的局面。

2.为了避免战争,国与国之间的外交手段显得十分重要,游说之士便应运而生,也叫策士。为了止战以及维护自身利益,各国纷纷重用谋士来担负外交斡旋的重任,利用外部形势及权谋,因人因地而进言,凭渊博的知识和巧妙的口舌之辩来进行各种游说,兜售自己的学说与主张,为各自君王分忧解愁。

3.根据对最强大的秦国的态度不同,策士们形成了"合纵""连横"两个派别,代表人物便是大名鼎鼎的苏秦、张仪,都以能言善辩、巧舌如簧而著称。用编者刘向的话来讲,《战国策》就是记录了战国时代"高才秀士"们"奇策异智"的一部奇书。

世袭：指一代一代保持其名号、爵位及财产等，按血统关系世代传袭继承。

共主：共同崇奉的君主。

等量齐观：对有差别的事物同等看待。

缓冲地带：指国家之间为避免彼此直接冲突而划定的中间区域，可以起到缓冲的作用。

　　春秋末年，列国大臣的势力渐渐膨胀起来。这些大臣都是世袭的，他们一代一代聚财养众，明争暗夺了君主的权力，建立起自己的特殊地位。等到机会成熟，便跳起来打倒君主自己干。那时候各国差不多都起了内乱。晋国让韩魏赵三家分了，姓姜的齐国也让姓田的大夫占了。这些，周天子只得承认了。这是封建制度崩坏的开始。那时候周室也经过了内乱，土地大半让邻国抢去，剩下的又分为东西周；东西周各有君王，彼此还争争吵吵的。这两位君王早已失去春秋时代"共主"的地位，而和列国诸侯相等了。后来列国纷纷称王，周室更不算回事；他们至多能和宋、鲁等小国君主等量齐观罢了。

　　秦楚两国也经过内乱，可是站住了。它们本是边远的国家，却渐渐伸张势力到中原来。内乱平后，大加整顿，努力图强，声威便更广了。还有极北的燕国，向来和中原国家少来往；这时候也有力量向南参加国际政治了。秦、楚、燕和新兴的韩、魏、赵、齐，是那时代的大国，称为"七雄"。那些小国呢，从前可以仰仗霸主的保护，作大国的附庸；现在可不成了，只好让人家吞的吞，并的并，算只留下宋、鲁等两三国，给七雄当缓冲地带。

　　封建制度既然在崩坏中，七雄便各成一单位，各

《战国策》第八　089

仿古山水册　清 陆汉

桐阴秋月
清六如先生

自争存，各自争强；国际政局比春秋时代紧张多了。战争也比从前严重多了。列国都在自己边界上修起长城来。这时候军器进步了，从前的兵器都用铜打成，现在有用铁打成的了。战术也进步了。攻守的方法都比从前精明，从前只用兵车和步卒，现在却发展了骑兵了。这时候还有以帮人家作战为职业的人。这时候的战争、杀伤是很多的。孟子说："争地以战，杀人盈野；争城以战，杀人盈城。"①可见那凶惨的情形。后人因此称这时代为战国时代。

在长期混乱之后，贵族有的做了国君，有的渐渐衰灭。这个阶级算是随着封建制度崩坏了。那时候的国君，没有了世袭的大臣，便集权专制起来。辅助他们的是一些出身贵贱不同的士人。那时候君主和大臣都竭力招揽有技能的人，甚至学鸡鸣学狗盗的也都收留着。这是所谓"好客""好士"的风气。其中最高的是说客，是游说之士。当时国际关系紧张，战争随时可起。战争到底是劳民伤财的，况且难得有把握；重要的还是外交的工夫。外交办得好，只凭口舌排难解纷，可以免去战祸；就是不得不战，也可以多找一些与国，一些帮手。担负这种外交的人，便是那些策士，那些游说之士。游说之士既然这般重要，所以立谈可以取卿相；只要有计谋，会辩说就成，出身的贵贱倒是不在乎的。

七雄中的秦，从孝公用商鞅变法以后，日渐强盛。

---

①《离娄》。

到后来成了与六国对峙的局势。这时候的游说之士，有的劝六国联合起来抗秦，有的劝六国联合起来亲秦。前一派叫"合纵"，是联合南北各国的意思，后一派叫"连横"，是联合东西各国的意思——只有秦是西方的国家。合纵派的代表是苏秦，连横派的是张仪，他们可以代表所有的战国游说之士。后世提到游说的策士，总想到这两个人，提到纵横家，也总是想这两个人。他们都是鬼谷先生的弟子。苏秦起初也是连横派。他游说秦惠王，秦惠王老不理他；穷得要死，只好回家。妻子、嫂嫂、父母，都瞧不起他。他恨极了，用心读书，用心揣摩；夜里倦了要睡，用锥子扎大腿，血流到脚上。这样整一年，他想着成了，便出来游说六国合纵。这回他果然成功了，佩了六国相印，又有势有钱。打家里过的时候，父母郊迎三十里，妻子低头，嫂嫂趴在地上谢罪。他叹道："人生世上，势位富贵，真是少不得的！"张仪和楚相喝酒，楚相丢了一块璧。手下人说张仪穷而无行，一定是他偷的，绑起来打了几百下。张仪始终不认，只好放了他。回家，他妻子说："唉，要不是读书游说，哪会受这场气！"他不理，只说："看我舌头还在罢？"妻子笑道："舌头是在的。"他说："那就成！"后来果然做了秦国的相；苏秦死后，他也大大得意了一番。

苏秦使锥子扎腿的时候，自己发狠道："哪有游说人主不能得金玉锦绣，不能取卿相之尊的道理！"这正是战国策士心思。他们凭他们的智谋和辩才，给人家画策，办外交；谁用他们就帮谁。他们是职业的，

对峙：对抗、抗衡，也指两山相对耸立。这里指双方互相冲突、相互抗衡。

苏秦：战国时期纵横家、外交家、谋略家。苏秦早年投入鬼谷子门下，学习纵横之术，学成游历多年，潦倒而归。随后，苏秦攻读《阴符》后游说列国，被燕文公赏识，出使赵国后，提出合纵六国以抗秦的战略思想，并最终组建合纵联盟，任"从约长"，兼佩六国相印，使秦十五年不敢出函谷关。

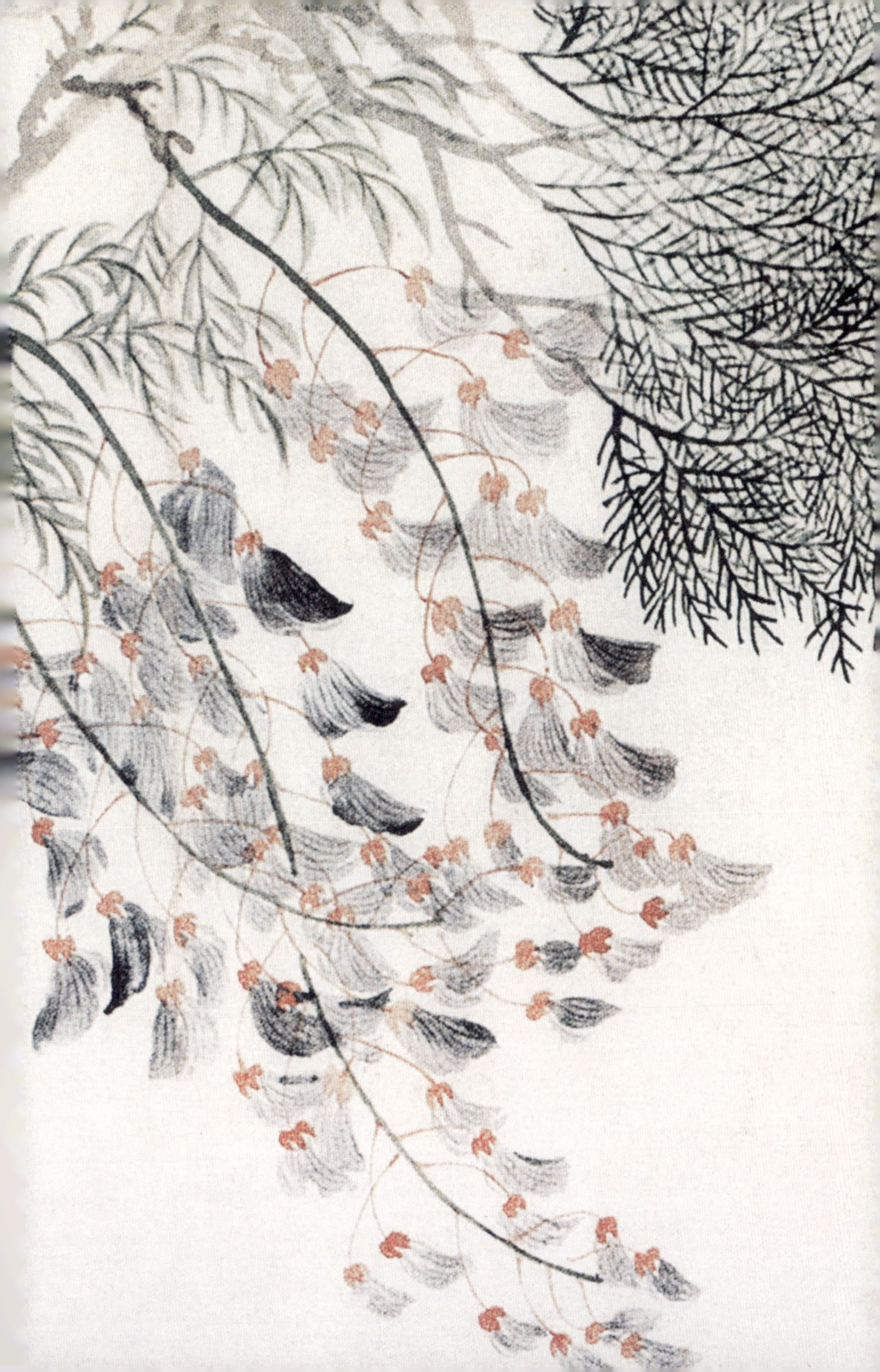

所图的是自己的功名富贵；帮你的时候帮你，不帮你的时候也许害你。翻覆，在他们看来是没有什么的。本来呢，当时七雄分立，没有共主，没有盟主，各干各的，谁胜谁得势。国际间没有是非，爱帮谁就帮谁，反正都一样。苏秦说连横不成，就改说合纵，在策士看来，这正是当然。张仪说舌头在就行，说是说非，只要会说，这也正是职业的态度。他们自己没有理想，没有主张，只求揣摩主上的心理，拐弯儿抹角投其所好。这需要技巧，韩非子《说难篇》专论这个。说得好固然可以取"金玉锦绣"和"卿相之尊"，说得不好也会招杀身之祸，利害所关如此之大，苏秦费一整年研究揣摩不算多。当时各国所重的是威势，策士所说原不外战争和诈谋；但要因人因地进言，广博的知识和微妙的机智都是不可少的。

> **金玉锦绣**：是指精美珍贵的东西。
>
> **卿相之尊**：是指公卿相国位置的尊贵。

　　记载那些说辞的书叫《战国策》，是汉代刘向编定的，书名也是他提议的，但在他以前，汉初著名的说客蒯通，大约已经加以整理和润饰，所以各篇如出一手。《汉书》本传里记着他"论战国时说士权变，亦自序其说，凡八十一篇，号曰《隽永》"，大约就是刘向所根据的底本了①。蒯通那枝笔是很有力量的。铺陈的伟丽，叱咤的雄豪，固然传达出来了；而那些曲折微妙的声口，也丝丝入扣，千载如生。读这部书，真是如闻其语，如见其人。汉以来批评这部书的都用儒家的眼光。刘向的序里说战国时代"捐礼让而贵战

> **刘向**：中国目录学鼻祖。曾奉命领校秘书，所撰《别录》，是我国最早的图书分类目录。另有《新序》《说苑》《列女传》《洪范五行传》等书。

---

① 罗根泽《战国策作于蒯通考》及《补证》(《古史辨》第四册)。

争,弃仁义而用诈谲,苟以取强而已矣",可以代表。但他又说这些是"高才秀士"的"奇策异智","亦可喜,皆可观"。这便是文辞的作用了。宋代有个李文叔,也说这部书所记载的事"浅陋不足道",但"人读之,则必乡其说之工,而忘其事之陋者,文辞之胜移之而已"。又道,说的还不算难,记的才真难得呢[①]。这部书除文辞之胜外,所记的事,上接春秋时代,下至楚、汉兴起为止,共二百零二年(西元前四〇三至前二〇二),也是一部重要的古史。所谓战国时代,便指这里的二百零二年;而战国的名称也是刘向在这部书的序里定出的。

> 人读之,则必……移之而已:人在读这本书的时候,容易被言辞的优美所愉悦,而忽略其陈述事情的缺陷和不足,文辞的优美可以转移读者的关注。

**参考资料**

雷海宗《中国通史选读》第二册(清华大学讲义排印本)。

---

① 李格非《书〈战国策〉后》。

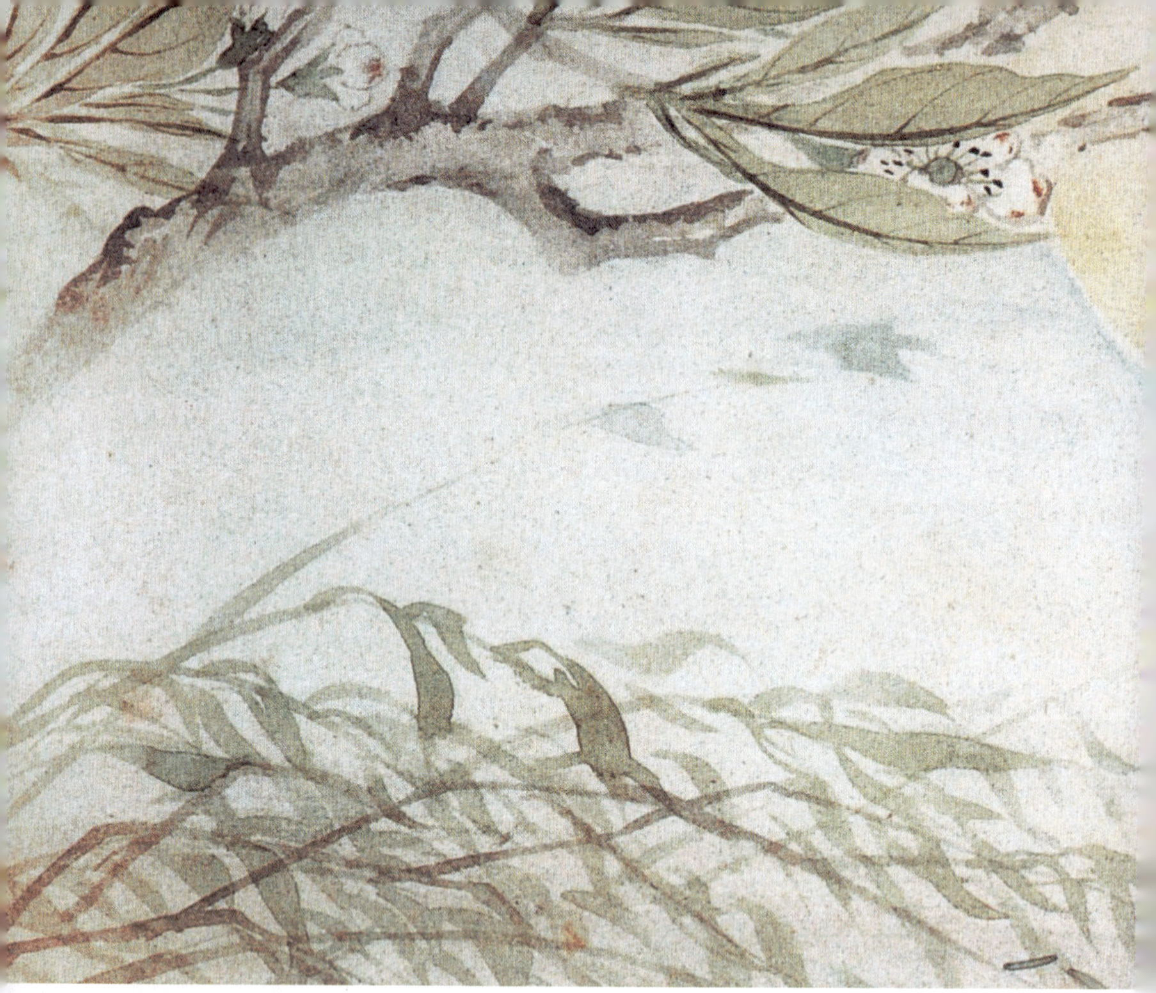

杨柳梨花图（局部） 元 钱选

《史记》《汉书》第九

## 内容导读

　　《史记》《汉书》列为《经典常谈》第九篇。《史记》《汉书》两部书内容不同，但其博大精深和精彩绝伦的程度却是相同的，并称为良史也绝不是偶然的。《史记》"文直而事核"，《汉书》"文赡而事详"。《史记》共130篇，分本纪、表书、世家、列传，列传占了全书的过半数。司马迁早年漫游各地，了解风俗，采集传闻。他以"究天人之际，通古今之变，成一家之言"的史识创作了我国第一部纪传体通史《史记》。《汉书》是汉代班固著，断代述史，共一百篇，分纪、表、志、传。

　　内容要点：

　　1.《史记》《汉书》是最早的有系统的历史，可称为正史的源头。

　　2.司马迁受学于董仲舒等名家，漫游各地，考察民风民俗，采集各种传闻史料。后任太史令，因仗义为李陵辩解惹怒上层而惨遭官刑，调中书令，发愤著史以明志，究天人之际，通古今之变，以成一家之言，成就我国第一部纪传体通史《史记》，又称《太史公书》。其书可称得上"史家之绝唱，无韵之《离骚》"。《史记》体例有五：十二本纪，记帝王政迹，是编年的；十表，以分年略记世代为主；八书，记典章制度的沿革；三十世家，记侯国世代存亡；七十列传，记各方面人物。

　　3.《汉书》呈现一定辞赋特点，精工典雅，多用骈偶句式，是一本记录汉朝各项大事的断代史，起于汉高祖，终于平帝时王莽之诛。记录范围更为广大，涉及天地、鬼神、人事、政治、道德、艺术、文章，包罗万象。班固首创断代史，删润旧文，述而不作，别有裁决，详略得当。

说起中国的史书,《史记》《汉书》,真是无人不知,无人不晓。这有两个原因。一则这两部书是最早的有系统的历史,再早虽然还有《尚书》《鲁春秋》《国语》《春秋左氏传》《战国策》等,但《尚书》《国语》《战国策》,都是记言的史,不是记事的史。《春秋》和《左传》是记事的史了,可是《春秋》太简短,《左氏传》虽够铺排的,而跟着《春秋》编年的系统,所记的事还不免散碎。《史记》创了"纪传体",叙事自黄帝以来到著者当世,就是汉武帝的时候,首尾三千多年。《汉书》采用了《史记》的体制,却以汉事为断,从高祖到王莽,只二百三十年。后来的史书全用《汉书》的体制,断代成书;二十四史里,《史记》《汉书》以外的二十二史都如此。这称为"正史"。《史记》《汉书》,可以说都是"正史"的源头。二则,这两部书都成了文学的古典;两书有许多相同处,虽然也有许多相异处。大概东汉、魏、晋到唐,喜欢《汉书》的多,唐以后喜欢《史记》的多,而明、清两代犹然。这是两书文体各有所胜的缘故。但历来班、马并称,《史》《汉》连举,它们叙事写人的技术,毕竟是大同的。

《史记》,汉司马迁著。司马迁字子长,左冯翊夏阳(今陕西韩城)人,景帝中元五年(西元前一四五)生,卒年不详。他是太史令司马谈的儿子。

《史记》:中国第一部纪传体通史,是汉代的司马迁花了13年的时间写成的。全书共130篇,有八书(记各种典章制度,记礼、乐、音律、历法、天文、封禅、水利、财用)、十表(大事年表)、十二本纪(记历代帝王生平、政绩)、三十世家(记诸侯国和汉代诸侯、勋贵兴亡)、七十列传(记重要人物的言行事迹,主要叙人臣,其中最后一篇为自序)。

《汉书》:又名《前汉书》,是中国第一部纪传体断代史。其沿用《史记》的体例而略有变更,改"书"为"志",改"列传"为"传",改"本纪"为"纪",无"世家"。全书包括八表、十二纪、十志、七十传,共100篇,记载了上自汉高祖元年,下至王莽地皇四年,共230年历史。

望斷松林處
白雲時何之春
山依舊綠繚
繞畫屏移
光緒戊寅春夜
煙游老漁并記

望斷松林　清　杜湘

小时候在本乡只帮人家耕耕田、放放牛玩儿。司马谈做了太史令，才将他带到京师（今西安）读书。他十岁的时候，便认识"古文"的书了。二十岁以后，到处游历，真是足迹遍天下。他东边到过现在的河北、山东及江、浙沿海，南边到过湖南、江西、云南、贵州，西边到过陕、甘、西康等处，北边到过长城等处；当时的"大汉帝国"，除了朝鲜、河西（今宁夏一带）、岭南几个新开郡外，他都走到了。他的出游，相传是父亲命他搜求史料去的；但也有些处是因公去的。他搜得了多少写的史料，没有明文，不能知道。可是他却看到了好些古代的遗迹，听到了好些古代的轶闻；这些都是活史料，他用来印证并补充他所读的书。他作《史记》，叙述和描写往往特别亲切有味，便是为此。他的游历不但增扩了他的见闻，也增扩了他的胸襟；他能够综括三千多年的事，写成一部大书，而行文又极其抑扬变化之致，可见他的胸襟是如何的阔大。

他二十几岁的时候，应试得高第，做了郎中。武帝元封年（西元前一一〇），大行封禅典礼，步骑十八万，旌旗千余里。司马谈是史官，本该从行；但是病得很重，留在洛阳不能去。司马迁却跟去。回来见父亲，父亲已经快死了，拉着他的手呜咽道："我们先人从虞夏以来，世代做史官；周末弃职他去，从此我家便衰微了。我虽然恢复了世传的职务，可是不成；你看这回封禅大典，我竟不能从行，真是命该如此！再说孔子因为眼见王道缺，礼乐衰，才整理文献，论《诗》《书》，作《春秋》，他的功绩是不朽的。孔

旌旗：各种旗子。

封禅大典：古代帝王祭祀天地的大典，在泰山祭天称作封，在泰山下的梁父山祭地称作禅。

《史记》《汉书》第九　101

子到现在又四百多年了,各国只管争战,史籍都散失了,这得搜求整理;汉朝一统天下,明主、贤君、忠臣、死义之士,也得记载表彰。我做了太史令,却没能尽职,无所论著,真是惶恐万分。你若能继承先业,再做太史令,成就我的未竟之志,扬名于后世,那就是大孝了。你想着我的话罢。"① 司马迁听了父亲这番遗命,低头流泪答道:"儿子虽然不肖,定当将你老人家所搜集的材料,小心整理起来,不敢有所遗失。"② 司马谈便在这年死了;司马迁这年三十六岁,父亲的遗命指示了他一条伟大的路。

父亲死的第三年,司马迁果然做了太史令。他有机会看到许多史籍和别的藏书,便开始做整理的工夫。那时史料都集中在太史令手里,特别是汉代各地方行政报告,他那里都有。他一面整理史料,一面却忙着改历的工作;直到太初元年(西元前一〇四),太初历完成,才动手著他的书。天汉二年(西元前九九),李陵奉了贰师将军李广利的命,领了五千兵,出塞打匈奴。匈奴八万人围着他们;他们杀伤了匈奴一万多,可是自己的人也死了一大半。箭完了,又没吃的,耗了八天,等贰师将军派救兵。救兵竟没有影子。匈奴却派人来招降。李陵想着回去也没有脸,就降了。武帝听了这个消息,又急又气。朝廷里纷纷说李陵的坏话。武帝问司马迁,李陵到底是个怎样的人。李陵也做过郎中,和司马迁同过事,司马迁是知道他的。

贰师:为汉代大宛国地名。产良马,拒献汉朝,武帝命李广征伐之,取善马,号其为"贰师将军"。

———

① ② 原文见《史记·自序》。

仙山楼阁图　宋　赵伯驹

　　他说李陵这个人秉性忠义，常想牺牲自己，报效国家。这回以少敌众，兵尽路穷，但还杀伤那么些人，功劳其实也不算小。他决不是怕死的，他的降大概是假意的，也许在等机会给汉朝出力呢。武帝听了他的话，想着贰师将军是自己派的元帅，司马迁却将功劳归在投降的李陵身上，真是大不敬；便教将他抓起来，下在狱里。第二年，武帝杀了李陵全家，处司马迁宫刑，宫刑是个大辱，污及先人，见笑亲友，他灰心失望已极，只能发愤努力，在狱中专心致志写他的书，希图留个后世名。过了两年，武帝改元太始，大赦天下。他出了狱，不久却又做了宦者做的官，中书令，重被宠信。但他还继续写他的书。直到征和二年（西元前九一），全书才得完成，共一百三十篇，五十二万六千五百字。他死后，这部书部分的流传；到宣帝时，他的外孙**杨恽**才将全书献上朝廷去，并传写公行于世。汉人称为《太史公书》《太史公》《太史公记》《太史记》。魏晋间才简称为《史记》，《史记》便成了定名。这部书流传时颇有缺佚，经后人补续改窜了不少；只有元帝、成帝间**褚少孙**补的有主名，其余都不容易考了。

司马迁是窃比孔子的。孔子是在周末官守散失时代第一个保存文献的人；司马迁是秦火以后第一个保存文献的人。他们保存的方法不同，但是用心是一样。《史记·自序》里记着司马迁和上大夫壶遂讨论作史的一番话。司马迁引述他的父亲称扬孔子整理"六经"的丰功伟业，而特别着重《春秋》的著作。他们父子都是相信孔子作《春秋》的。他又引董仲舒所述孔子的话："我有种种觉民救世的理想，凭空发议论，恐怕人不理会；不如借历史上现成的事实来表现，可以深切著明些。"① 这便是孔子作《春秋》的趣旨；他是要**明王道，辨人事**，分明是非善恶贤不肖，存亡继绝，补敝起废，作后世君臣**龟鉴**。《春秋》实在是礼义的大宗，司马迁相信礼治是胜于法治的。他相信《春秋》**包罗万象**，采善贬恶，并非以刺讥为主。像他父亲遗命所说的，汉兴以来，人主明圣盛德，和功臣、世家、贤大夫之业，是他父子职守所在，正该记载表彰。他的书记汉事较详，固然是史料多，也是他意主尊汉的

---

① 原文见《史记·自序》。

**杨恽**：丞相杨敞之子，史学家司马迁外孙。因《报孙会宗书》辞语怨怼，被汉宣帝腰斩而死。

**褚少孙**：颍川人，寓居沛，元帝、成帝时博士。

**明王道，辨人事**：阐明贤明的治国理政的主张，辨明人情世事。

**龟鉴**：借鉴。

**包罗万象**：形容丰富，无所不有。

缘故。他排斥暴秦，要将汉远承三代。这正和今文家说的《春秋》尊鲁一样，他的书实在是窃比《春秋》的。他虽自称只是"厥协六经异传，整齐百家杂语"①，述而不作，不敢与《春秋》比，那不过是谦词罢了。

他在《报任安书》里说他的书"欲以究天人之际，通古今之变，成一家之言。"《史记·自序》里说："罔(网)罗天下放佚旧闻，王迹所兴，原始察终，见盛观衰，论考之行事。""王迹所兴"，始终盛衰，便是"古今之变"，也便是"天人之际"。"天人之际"只是天道对于人事的影响；这和所谓"始终盛衰"都是阴阳家言。阴阳家倡"五德终始说"，以为金木水火土五行之德，互相克胜，终始运行，循环不息。当运者盛，王迹所兴；运去则衰。西汉此说大行，与"今文经学"合而为一。司马迁是请教过董仲舒的，董就是今文派的大师；他也许受了董的影响。"五德终始说"原是一种历史哲学；实际的教训只是让人君顺时修德。

《史记》虽然窃比《春秋》，却并不用那咬文嚼字的书法，只据事实录，使善恶自见。书里也有议论，那不过是著者牢骚之辞，与大体是无关的。原来司马迁自遭李陵之祸，更加努力著书。他觉得自己已经身废名裂，要发抒意中的郁结，只有这一条通路。他在《报任安书》和《史记·自序》里引文王以下到韩非诸贤圣，都是发愤才著书的。他自己也是个发愤著书的人。天道的无常，世变的无常，引起了他的慨叹；他悲天悯人，

---

① 原文见《史记·自序》。

《史记》《汉书》第九

春景山水图轴　近代　金城

发为牢骚抑扬之辞。这增加了他的书的情韵。后世论文的人推尊《史记》，一个原因便在这里。

班彪论前史得失，却说他"论议浅而不笃，其论术学，则崇黄老而薄五经，序货殖，则轻仁义而羞贫穷，论游侠，则贱守节而贵俗功"，以为"大敝伤道"①；班固也说他"是非颇谬于圣人"②。其实推崇道家的是司马谈；司马迁时，儒学已成独尊之势，他也成了一个推崇的人了。至于《游侠》《货殖》两传，确有他的身世之感。那时候有钱可以赎罪，他遭了李陵之祸，刑重家贫，不能自赎，所以才有"羞贫穷"的话；他在穷窘之中，交游竟没有一个抱不平来救他的。所以才有称扬游侠的话。这和《伯夷传》里天道无常的疑问，都只是偶一借题发挥，无关全书大旨。东汉王允死看"发愤"著书一语，加上咬文嚼字的成见，便说《史记》是"佞臣"的"谤书"③，那不但误解了《史记》，也太小看了司马迁了。

《史记》体例有五：十二本纪，记帝王政迹，是编年的。十表，以分年略记世代为主。八书，记典章制度的沿革。三十世家，记侯国世代存亡。七十列传，类记各方面人物。史家称为"纪传体"，因为"纪传"是最重要的部分。古史不是断片的杂记，便是顺按年月的纂录；自出机杼，创立规模，以驾驭去取各种史料的，从《史记》起始。司马迁的确能够贯穿经

谤书：诽谤和攻讦他人的书。

纪传体：是以人物来立传的一种史书体例，以人物传记为中心叙述史实。

---

① 《后汉书·班彪传》。
② 《汉书·司马迁传赞》。
③ 《后汉书·蔡邕传》。

传，整齐百家杂语，成一家言。他明白"整齐"的必要，并知道怎样去"整齐"：这实在是创作，是以述为作。他这样将自有文化以来三千年间君臣士庶的行事，"合一炉而冶之"，却反映着秦汉大一统的局势。《春秋左氏传》虽也可算通史，但是规模完具的通史，还得推《史记》为第一部书。班固根据他父亲班彪的意见，说司马迁"善叙事理，辩而不华，质而不俚；其文直，其事核，不虚美，不隐恶，故谓之实录"①。"直"是"简省"的意思；简省能明确，便见本领。《史记》共一百三十篇，列传占了全书的过半数；司马迁的史观是以人物为中心的。他最长于描写；靠了他的笔，古代许多重要人物的面形，至今还活现在纸上。

《汉书》，汉班固著。班固，字孟坚，扶风安陵（今陕西咸阳）人，光武帝建武八年生，和帝永元四年（西元三二至九二）卒。他家和司马氏一样，也是个世家；《汉书》是子继父业，也和司马迁差不多。但班固的凭藉，比司马迁好多了。他曾祖班斿，博学有才气，成帝时，和刘向同校皇家藏书。成帝赐了全套藏书的副本，《史记》也在其中。当时书籍流传很少，得来不易；班家得了这批赐书，真像大图书馆似的。他家又有钱，能够招待客人。后来有好些学者，老远的跑到他家来看书；扬雄便是一个。班斿的次孙班彪，既有书看，又得接触许多学者；于是尽心儒术，成了一个史学家。《史记》以后，续作很多，但不是偏私，

凭藉：指家庭出身等背景。

扬雄：字子云，汉代辞赋家、思想家，著有《法言》《太玄》。

①《汉书·司马迁传赞》。

就是鄙俗；班彪加以整理补充，著了六十五篇《后传》。他详论《史记》的得失，大体确当不移。他的书似乎只有本纪和列传；世家是并在列传里。这部书没有流传下来，但他的儿子班固的《汉书》是用它作底本的。

班固生在河西；那时班彪避乱在那里。班固有弟**班超**，妹班昭，后来都有功于《汉书》。他五岁时随父亲到那时的京师洛阳。九岁时能作文章，读诗赋。大概是十六岁罢，他入了洛阳的大学，博览群书。他治学不专守一家；只重大义，不沾沾在章句上。又善作辞赋。为人宽和容众，不以才能骄人。在大学里读了七年书，二十三岁上，父亲死了，他回到安陵去。明帝永平元年（西元五八），他二十八岁，开始改撰父亲的书。他觉得《后传》不够详的，自己专心精究，想完成一部大书。过了三年，有人上书给明帝，告他私自改作旧史。当时天下新定，常有人假造预言，摇惑民心；私改旧史，更有机会造谣，罪名可以很大。

明帝当即诏令扶风郡逮捕班固，解到洛阳狱中，并调看他的稿子。他兄弟班超怕闹出大乱子，永平五年（西元六二），带了全家赶到洛阳；他上书给明帝，陈明原委，请求召见。明帝果然召见，他陈明班固不敢私改旧史，只是续父所作。那时扶风郡也已将班固稿子送呈。明帝却很赏识那稿子，便命班固做校书郎、兰台令史，跟别的几个人同修世祖（光武帝）本纪。班家这时候很穷。班超也做了一名书记，帮助哥哥养家。后来班固等又述诸功臣的事迹，作列传载记二十八篇奏上，这些后来都成了刘珍等撰的《东观汉

---

班超：字仲升，扶风人，东汉军事家、外交家。

班昭：又名姬，字惠班，扶风人，东汉史学家、文学家、政治家。

楼居图轴（局部） 明 文徵明

记》的一部分，与《汉书》是无关的。

明帝这时候才命班固续完前稿。永平七年（西元六四），班固三十三岁，在兰台重新写他的大著。兰台是皇家藏书之处，他取精用弘，比家中自然更好。次年，班超也做了兰台令史。虽然在官不久，就从军去了，但一定给班固帮助很多。章帝即位，好辞赋，更赏识班固了。他因此得常到宫中读书，往往连日带夜的读下去。大概在建初七年（西元八二），他的书才大致完成。那年他是五十一岁了。和帝永元元年（西元八九），车骑将军窦宪出征匈奴，用他做中护军，参议军机大事。这一回匈奴大败，逃得不知去向。窦宪在出塞三千多里外的燕然山上刻石纪功，教班固作铭。这是著名的大手笔。

次年他回到京师，就做窦宪的秘书。当时窦宪威势极盛；班固倒没有仗窦家的势欺压人，但他的儿子和奴仆却都无法无天的。这就得罪了许多地面上的官儿；他们都敢怒不敢言。有一回他的奴子虽喝醉了，在街上骂了洛阳令种兢，种兢气恨极了，但也只能记在心里。永元四年（西元九二），窦宪阴谋弑和帝，事败，自杀。他的党羽，或诛死，或免官，班固先只免了官，种兢却饶不过他，逮捕了他，下在狱里。他已经六十一岁，受不得那种苦，便在狱里死了。和帝得知，很觉可惜，特地下诏申斥种兢。命他将主办的官员抵罪。班固死后，《汉书》的稿子很散乱。他的妹子班昭也是高才博学，嫁给曹世叔，世叔早死，她的节行并为人所重。当时称为曹大家。这时候她奉诏整理哥

兰台：是汉代宫中藏书之处，由御史中丞掌管。

窦宪：字伯度，扶风郡平陵县人，东汉名将。

哥的书；并有高才郎官十人，从她研究这部书——经学大师扶风马融，就在这十人里。书中的八表和天文志那时还未完成，她和马融的哥哥马续参考皇家藏书，将这些篇写定，这也是奉诏办的。

《汉书》的名称从《尚书》来，是班固定的。他说唐虞三代当时都有记载，颂述功德；汉朝却到了第六代才有司马迁的《史记》。《史记》是通史，将汉朝皇帝的本纪放在尽后头，并且将尧的后裔的汉和秦、项放在相等的地位，这实在不足以推尊本朝。况《史记》只到武帝而止，也没有成段落似的。他所以断代述史，起于高祖，终于平帝时王莽之诛，共十二世，二百三十年，作纪、表、志、传凡百篇，称为《汉书》[①]。班固著《汉书》，虽然根据父亲的评论，修正了《史记》的缺失，但断代的主张，却是他的创见。他这样一面保存了文献，一面贯彻了发扬本朝功德的趣旨。所以后来的正史都以他的书为范本，名称也多叫作"书"。他这个创见，影响是极大的，他的书所包举的，比《史记》更为广大；天地、鬼神、人事、政治、道德、艺术、文章，尽在其中。

书里没有世家一体，本于班彪《后传》。汉代封建制度，实际上已不存在；无所谓侯国，也就无所谓世家，这一体的并入列传，也是自然之势。至于改"书"为"志"，只是避免与《汉书》的"书"字相重，无关得失。但增加了《艺文志》，叙述古代

《艺文志》：是汉代班固撰写的史志书目。

---

[①]《汉书·叙传》。

学术源流，记载皇家藏书目录，所关却就大了。《艺文志》的底本是刘歆的《七略》。刘向、刘歆父子都曾奉诏校读皇家藏书；他们开始分别源流，编订目录①，使那些"中秘书"渐得流传于世，功劳是很大的。他们的原著都已不存，但《艺文志》还保留着刘歆《七略》的大部分。这是后来目录学家的宝典。原来秦火之后，直到成帝时，书籍才渐渐出现；成帝诏求遗书于天下，这些书便多聚在皇家，刘氏父子所以能有那样大的贡献，班固所以想到在《汉书》里增立《艺文志》，都是时代使然。司马迁便没有这样好运气。

《史记》成于一人之手，《汉书》成于四人之手。表、志由曹大家和马续补成；纪、传从昭帝至平帝有班彪的《后传》作底本。而从高祖至武帝，更多用《史记》的文字。这样一看，班固自己作的似乎太少。因此有人说他的书是"剽窃"而成②，算不得著作。但那时的著作权的观念还不甚分明，不以抄袭为嫌；而史书也不能凭虚别构。班固删润旧文，正是所谓"述而不作"。他删润的地方，却颇有别裁，决非率尔下笔。史书叙汉事，有阙略的，有隐晦的，经他润色，便变得详明，这是他的独到处。汉代"明主、贤君、忠臣、死义之士"，他实在表彰得更为到家。书中收载别人整篇的文章甚多，有人因此说他是"浮华"之士③。这些文章大抵关系政治学术，多是经世有用之作。那时还没

---

① 刘向著有《别录》。
② ③《通志·总录》。

有文集，史书加以搜罗，不失保存文献之旨。至于收录辞赋，却是当时的风气和他个人的嗜好；不过从现在看来，这些也正是文学史料，不能抹煞的。

班、马优劣论起于王充《论衡》。他说班氏父子"文义浃备，纪事详赡"，观者以为胜于《史记》①。王充论文，是主张"华实俱成"的②。汉代是个辞赋的时代，所谓"华"，便是辞赋化。《史记》当时还用散行文字；到了《汉书》，便弘丽精整，多用排偶，句子也长了。这正是辞赋的影响。自此以后，直到唐代，一般文士，大多偏爱《汉书》，专门传习，《史记》的传习者却甚少，这反映着那时期崇尚骈文的风气。唐以后，散文渐成正统，大家才提倡起《史记》来；明归有光及清桐城派更力加推尊，《史记》差不多要驾乎《汉书》之上了。这种优劣论起于二书散整不同，质文各异，其实是跟着时代的好尚而转变的。

> 文义浃备，纪事详赡：文辞与义理都兼而有之，比较齐备，记录事情也比较详尽丰富。

> 质文各异：实质和文采各自不同。

晋代张辅，独不好《汉书》。他说："世人论司马迁、班固才的优劣，多以固为胜，但是司马迁叙三千年事，只五十万言，班固叙二百年事，却有八十万言。烦省相差如此之远，班固那里赶得上司马迁呢！"③刘知幾《史通》却以为"《史记》虽叙三千年事，详备的也只汉兴七十多年，前省后烦，未能折中；若教他作《汉书》，恐怕比班固还要烦些"④。刘知幾左祖班固，

> 刘知幾：字子玄，彭城人，唐代史学家、文学批评家。

> 《史通》：是唐代刘知幾所著的史学理论专著，成书于唐中宗景龙四年，共二十卷，现存四十九篇。

---

① 《超奇篇》，这里据《史通·鉴识》原注引，和通行本文字略异。
② 《超奇篇》。
③ 原文见《晋书·张辅传》。
④ 原文见《史通·杂说上》。

不无过甚其辞。平心而论，《汉书》确比《史记》繁些。《史记》是通史，虽然意在尊汉，不妨详近略远，但叙汉事到底不能太详；司马迁是知道"折中"的。《汉书》断代为书，尽可充分利用史料，尽其颂述功德的职分：载事既多，文字自然繁了，这是一。《汉书》载别人文字也比《史记》多，这是二。《汉书》文字趋向骈体，句子比散体长，这是三。这都是"事有必至，理有固然"，不足为《汉书》病。范晔《后汉书·班固传赞》说班固叙事"不激诡，不抑抗，赡而不秽，详而有体，使读之者亹亹而不厌"，这是不错的。

宋代郑樵在《通志·总序》里抨击班固，几乎说得他不值一钱。刘知幾论通史不如断代，以为通史年月悠长，史料亡佚太多，所可采录的大都陈陈相因，难得新异。《史记》已不免此失；后世仿作，贪多务得，又加上繁杂的毛病，简直教人懒得去看①。按他的说法，像《鲁春秋》等，怕也只能算是截取一个时代的一段儿，相当于《史记》的叙述汉事；不是无首无尾，就是有首无尾。这都不如断代史的首尾一贯好。像《汉书》那样，所记的只是班固的近代，史料丰富，搜求不难。只需破费工夫，总可一新耳目，"使读之者亹亹而不厌"的②。郑樵的意见恰相反，他注重会通，以为历史是联贯的，要明白因革损益的轨迹，非会通不可。通史好在能见其全，能见其大。他称赞《史记》，说是"六经之后，惟有此作"。他说班固断汉为

---

① ②《史通·六家》。

《史记》《汉书》第九　115

书，古今间隔，因革不明，失了会通之道，真只算是片段罢了①。其实通古和断代，各有短长，刘、郑都不免一偏之见。

《史》《汉》可以说是自各成家。《史记》"文直而事核"，《汉书》"文赡而事详"②。司马迁感慨多，微情妙旨，时在文字蹊径之外；《汉书》却一览之余，情词俱尽。但是就史论史，班固也许比较客观些，比较合体些。明茅坤说"《汉书》以矩矱胜"③，清章学诚说"班氏守绳墨"，"班氏体方用智"④，都是这个意思。晋傅玄评班固，"论国体则饰主阙而折忠臣，叙世教则贵取容而贱直节"⑤。这些只关识见高低，不见性情偏正，和司马迁《游侠》《货殖》两传蕴含着无穷的身世之痛的不能相比，所以还无碍其为客观的。总之，《史》《汉》二书，文质和繁省虽然各不相同。而所采者博，所择者精，却是一样；组织弘大，描写的曲达，也同工异曲。二书并称良史，决不是偶然的。

> 微情妙旨：幽微的情感表达、玄妙的主旨大意。
>
> 蹊径：途径或方式。
>
> 同工异曲：不同的做法但效果却一样好。

**参考资料**

郑鹤声《史汉研究》。
《司马迁年谱》。
《班固年谱》。

---

① 《通志·总录》。
② 《后汉书·班固传赞》。
③ 《汉书评林序》。
④ 《文史通义·诗教下》。
⑤ 《史通·书事》。

荷花鸳鸯  清 任伯年

阮元遗事十景图　清　汪塏

# 诸子第十

## 内容导读

诸子列为《经典常谈》第十篇。诸子之学是春秋战国时期各个学派阐述自己学说，著书立说，百家争鸣的产物，诸子思想各据一端，因争辩而发展，其思想之博大，学说之切中时弊，都是不可多得的。

内容要点：

1. 从诸子产生的历史背景入手，介绍了诸子的起源。春秋末年，礼乐制度开始分崩离析，在大动荡时代，志士们开始就局势提出各自主张，开门授徒，形成不同学派，进行百家争鸣，但都"持之有故，言之成理"。这便是诸子之学。诸子都出于职业的"士"。"士"本是封建制度里贵族的末一级，但到了春秋战国之际，"士"成了有才能的人的通称。并以孔子儒学为首，逐一介绍诸子百家的代表人物和主要思想，最后写汉武帝时期董仲舒"罢黜百家，独尊儒术"，春秋战国时代言论思想极端自由的浪潮平息了，落笔分，收笔合，大开大合，介绍得很系统，本章的内容，不管是对语文的学习还是历史的学习，都很有帮助。

2. 第一个开门授徒的便是儒家孔子，提倡"有教无类"，他学说是"正名主义"，定下了君臣父子的社会秩序。孔子之后，还出了孟子和荀子。孟子认为"人性本善"，主张施"仁政""王政"，即一切政治的、经济的制度都是为民设的，君也是为民设的；荀子认为"人性本恶"，注重圣王的威权，圣王建立社会国家，是为明分息争的。墨家的创始人墨翟，产生于下层社会的武士，是打仗、制造战争器械的专家。墨家反对侵略的打仗，他们只帮助弱小国家做防卫工作，这就是他们的"非攻"主义；天下的祸端都起源于相互争斗，人们应该视人如己，互相帮助，这就是他们的"兼爱"主义。道家反对一切文化和制度，老子主张顺应自然，无为而治。庄子更进一步，主张绝对的自由、平等。到了战国末期，秦相吕不韦便做了第一个尝试统一思想的人。他让许多门客合撰了一部《吕氏春秋》，以道家为基调，将诸子书统一了起来。到了汉武帝时期，乘着社会大统的东风，董仲舒成功地实现了罢黜百家、独尊儒术的全新局面。

紊（wěn）乱：杂乱、纷乱。

持之有故：见解、主张有根据或来源。

春秋末年，封建制度开始崩坏，贵族的统治权，渐渐维持不住。社会上的阶级，有了紊乱的现象。到了战国，更看见农奴解放，商人抬头。这时候一切政治的社会的经济的制度，都起了根本的变化。大家平等自由，形成了一个大解放的时代。在这个大变动当中，一些才智之士对于当前的形势，有种种的看法，有种种的主张；他们都想收拾那动乱的局面，让它稳定下来。有些倾向于守旧的，便起来拥护旧文化、旧制度；向当世的君主和一般人申述他们拥护的理由，给旧文化、旧制度找出理论上的根据。也有些人起来批评或反对旧文化、旧制度；又有些人要修正那些。还有人要建立新文化、新制度来代替旧的；还有人压根儿反对一切文化和制度。这些人也都根据他们自己的见解各说各的，都"持之有故，言之成理"。这便是诸子之学，大部分可以称为哲学。这是一个思想解放的时代，也是一个思想发达的时代，在中国学术史里是稀有的。

诸子都出于职业的"士"。"士"本是封建制度里贵族的末一级；但到了春秋、战国之际，"士"成了有才能的人的通称。在贵族政治未崩坏的时候，所有的知识、礼、乐等等，都在贵族手里，平民是没份的。那时有知识技能的专家，都由贵族专养专用，都是在

诸子第十　121

竹炉山房（局部） 明 沈贞

官的。到了贵族政治崩坏以后，贵族有的失了势，穷了，养不起自用的专家。这些专家失了业，流落到民间。便卖他们的知识技能为生。凡有权有钱的都可以临时雇用他们；他们起初还是伺候贵族的时候多，不过不限于一家贵族罢了。这样发展了一些自由职业；靠这些自由职业为生的，渐渐形成了一个特殊阶级，便是"士农工商"的"士"。这些"士"，这些专家，后来居然开门授徒起来。徒弟多了，声势就大了，地位也高了。他们除掉执行自己的职业之外，不免根据他们专门的知识技能，研究起当时的文化和制度来了。这就有了种种看法和主张。各"思以其道易天下"①。诸子百家便是这样兴起的。

第一个开门授徒发扬光大那非农非工非商非官的"士"的阶级的，是孔子。孔子名丘，他家原是宋国的贵族，贫寒失势，才流落到鲁国去。他自己做了一个儒士；儒士是以教书和相礼为职业的，他却只是一个"老教书匠"。他的教书有一个特别的地方，就是"有教无类"②。他大招学生，不问身家，只要缴相当的学费就收；收来的学生，一律教他们读《诗》《书》等名贵的古籍，并教他们礼乐等功课。这些从前是只有贵族才能够享受的，孔子是第一个将学术民众化的人。他又带着学生，周游列国，说当世的君主；这也是从前没有的。他一个人开了讲学和游说的风气，是"士"

> 诸子百家：春秋时期，礼崩乐坏。诸多学派相继诞生，这在中国学术史里是罕见的。诸子都出于职业的"士"。孔子首开"讲学"和"游说"的风气，他是旧文化、旧制度的辩护人，以这种姿态创立了儒家，他讲学的目的在于养成为国家服务的"人"。孟子和荀子也是儒家的代表。墨家主张"兼爱""非攻"。道家反对一切文化和制度，他们认为事物的变化都遵循一定的规律，代表人物是老子和庄子。儒、墨、道均托古立言，但法家例外，法家从实际政治中来，切于实用，代表人物是韩非子。阴阳家多出于方士，认为天道人事相互影响。

> 有教无类：各类人平等看待，都受教育。

---

① 语见章学诚《文史通义·言公上》。
②《论语·卫灵公》。

阶级的老祖宗。他是旧文化、旧制度的辩护人，以这种姿态创始了所谓儒家。所谓旧文化、旧制度，主要的是西周的文化和制度，孔子相信是文王、周公创造的。继续文王、周公的事业，便是他给他自己的使命。他自己说："述而不作，信而好古"①；所述的，所信所好的，都是周代的文化和制度。《诗》《书》《礼》《乐》等是周文化的代表，所以他拿来作学生的必修科目。这些原是共同的遗产，但后来各家都讲自己的新学说，不讲这些；讲这些的始终只有"述而不作"的儒家。因此《诗》《书》《礼》《乐》等便成为儒家的专有品了。

孔子是个博学多能的人，他的讲学是多方面的。他讲学的目的在于养成"人"，养成为国家服务的人，并不在于养成某一家的学者。他教学生读各种书，学各种功课之外，更注重人格的修养。他说为人要有真性情，要有同情心，能够推己及人，这所谓"直""仁""忠""恕"；一面还得合乎礼，就是遵守社会的规范。凡事只问该做不该做，不必问有用无用；只重义，不计利。这样人才配去干政治，为国家服务。孔子的政治学说，是"正名主义"。他想着当时制度的崩坏，阶级的紊乱，都是名不正的缘故。君没有君道，臣没有臣道，父没有父道，子没有子道，实和名不能符合起来，天下自然乱了。救时之道，便是"君君，臣臣，父父，子子"②；正名定分，社会的秩序，封建的阶级便会恢复的。他是给封建制度打了一个理论的根据。这个正名主义，又是从《春秋》和古史官的种种书法归纳得来的。他所谓"述而不作"，其实是以述为作，就是理论化旧文化、旧制度，要将那些维持下去。他对

---

① 《论语·述而》。
② 《论语·颜渊》。

于中国文化的贡献，便在这里。

孔子以后，儒家还出了两位大师，孟子和荀子。孟子名轲，邹人；荀子名况，赵人。这两位大师代表儒家的两派。他们也都拥护周代的文化和制度，但是更进一步的加以理论化和理想化。孟子说人性是善的。人都有恻隐心、羞恶心、辞让心、是非心；这便是仁、义、礼、智等善端，只要能够加以扩充，便成善人。这些善端，又总称为"不忍人之心"。圣王本于"不忍人之心"，发为"不忍人之政"①，便是"仁政""王政"。一切政治的经济的制度都是为民设的，君也是为民设的——这却已经不是封建制度的精神了。和王政相对的是霸政。霸主的种种制作设施，有时也似乎为民，其实不过是达到好名好利好尊荣的手段罢了。荀子说人性是恶的。性是生之本然，里面不但没有善端，还有争夺放纵等恶端。但是人有相当聪明才力，可以渐渐改善学好；积久了，习惯自然，再加上专一的工夫，可以到圣人的地步。所以善是人为的。孟子反对功利，他却注重它。他论王霸的分别，也从功利着眼。孟子注重圣王的道德，他却注重圣王的威权。他说生民之初，纵欲相争，乱得一团糟；圣王建立社会国家，是为明分息争的。礼是社会的秩序和规范，作用便在明分；乐是调和情感的，作用便在息争。他这样从功利主义出发，给一切文化和制度找到了理论的根据。

儒士多半是上层社会的失业小流民；儒家所拥护

> 恻隐：对苦难或不幸的同情或不忍心。

---

① 《孟子·公孙丑》。

的制度，所讲所行的道德也是上层社会所讲所行的。还有原业农工的下层失业流民，却多半成为武士。武士是以帮人打仗为职业的专家。墨翟便是出于武士。墨家的创始者墨翟，鲁国人，后来做到宋国的大夫，但出身大概是很微贱的。"墨"原是做苦工的犯人的意思，大概是个诨名；"翟"是名字。墨家本是贱者，也就不辞用那个诨名自称他们的学派。墨家是有团体组织的，他们的首领叫作"巨子"；墨子大约就是第一任"巨子"。他们不但是打仗的专家，并且是制造战争器械的专家。

但墨家和别的武士不同，他们是有主义的，他们虽以帮人打仗为生，却反对侵略的打仗；他们只帮被侵略的弱小国家做防卫的工作。《墨子》里只讲守的器械和方法，攻的方面，特意不讲。这是他们的"非攻"主义。他们说天下大害，在于人的互争；天下人都该视人如己，互相帮助，不但利他，而且利己。这是"兼爱"主义。墨家更注重功利，凡与国家人民有利的事物，才认为有价值。国家人民，利在富庶；凡能使人民富庶的事物是有用的。别的都是无益或有害。他们是平民的代言人，所以反对贵族的周代的文化和制度。他们主张"节葬""短丧""节用""非乐"，都和儒家相反。他们说他们是以节俭勤苦的夏禹为法的。他们又相信有上帝和鬼神，能够赏善罚恶；这也是下层社会的旧信仰。儒家和墨家其实都是守旧的；不过一个守原来上层社会的旧，一个守原来下层社会的旧罢了。

压根儿反对一切文化和制度的是道家。道家出于

《墨子》：是阐述墨家思想的著作，原有71篇，现存53篇，一般认为是墨子的弟子及后学记录、整理、编纂而成。《墨子》分两大部分：一部分是记载墨子言行，阐述墨子思想，主要反映了前期墨家的思想；另一部分包括《经上》《经下》《经说上》《经说下》《大取》《小取》，一般称作墨辩或墨经，着重阐述墨家的认识论和逻辑思想。

蝶猫图轴　清　虚谷

隐士。孔子一生曾遇到好些"避世"之士；他们着实讥评孔子。这些人都是有知识学问的。他们看见时世太乱，难以挽救，便消极起来，对于世事，取一种不闻不问的态度。他们讥评孔子"知其不可而为之"[①]，费力不讨好；他们自己便是知其不可而不为的，独善其身的聪明人。后来有个杨朱，也是这一流人，他却将这种态度理论化了，建立"为我"的学说。他主张"全生保真，不以物累形"[②]；将天下给他，换他小腿上一根汗毛，他是不干的。天下虽大，是外物；一根毛虽小，却是自己的一部分。所谓"真"，便是自然。杨朱所说的只是教人因生命的自然，不加伤害；"避世"便是"全生保真"的路。不过世事变化无穷，避世未必就能避害，杨朱的教义到这里却穷了。老子、庄子的学说似乎便是从这里出发，加以扩充的。杨朱实在是道家的先锋。

老子相传姓李名耳，楚国隐士。楚人是南方新兴的民族，受周文化的影响很少，他们往往有极新的思想。孔子遇到那些隐士，也都在楚国，这似乎不是偶然的。庄子名周，宋国人，他的思想却接近楚人。老学以为宇宙间事物的变化，都遵循一定的公律，在天然界如此，在人事界也如此。这叫作"常"。顺应这些公律，便不须避害，自然能避害。所以说，"知常曰明"[③]。事物变化的最大公律是物极则反。处世接物，最好先从反面下手。"将欲翕之，必固张之；将欲弱之，必固强之；将欲废之，必固兴之；将欲夺之，必固与之。"[④]"大直若屈，大巧若拙，大辩若讷。"[⑤]这样以退为进，便不至于有什么冲突了。因为物极则反，所以社会上政治上

---

① 《论语·宪问》。
② 《淮南子·氾论训》。
③ 《老子》十六章。
④ 《老子》三十六章。
⑤ 《老子》四十五章。

种种制度，推行起来，结果往往和原来目的相反。"法令滋彰，盗贼多有。"①治天下本求有所作为，但这是费力不讨好的，不如排除一切制度，顺应自然，无为而为，不治而治。那就无不为，无不治了。自然就是"道"，就是天地万物所以生的总原理。物得道而生，是道的具体表现。一物所以生的原理叫作"德"，"德"是"得"的意思。所以宇宙万物都是自然的。这是老学的根本思想，也是庄学的根本思想。但庄学比老学更进一步。他们主张绝对的自由，绝对的平等。天地万物，无时不在变化之中，不齐是自然的。一切但须顺其自然，所有的分别，所有的标准，都是不必要的。社会上政治上的制度，硬教不齐的齐起来，只徒然伤害人性罢了。所以圣人是要不得的；儒、墨是"不知耻"的②。按庄学说，凡天下之物都无不好，凡天下的意见，都无不对；无所谓物我，无所谓是非。甚至死和生也都是自然的变化，都是可喜的。明白这些个，便能与自然打成一片，成为"无入而不自得"的至人了。老、庄两派，汉代总称为道家。

庄学排除是非，是当时"辩者"的影响。"辩者"汉代称为名家，出于讼师。辩者的一个首领郑国邓析，便是春秋末年著名的讼师。另一个首领梁相惠施，也是法律行家。邓析的本事在对于法令能够咬文嚼字的取巧，"以是为非，以非为是"③。语言文字往往是多义的；他能够分析语言文字的意义，利用来作种种不同甚至相反的解释。这样发展了辩者的学说。当时的辩者有惠施和公孙龙两派。惠施派说，世间各个体的物，各有许多性质；但这些性质，都因比较而显，所以不是绝对的。各物都有相同之处，也都有相异之处。

---

① 《老子》五十七章。
② 《庄子·在宥》《天运》。
③ 《吕氏春秋·审应览·离谓篇》。

花卉十开 清 项圣漠

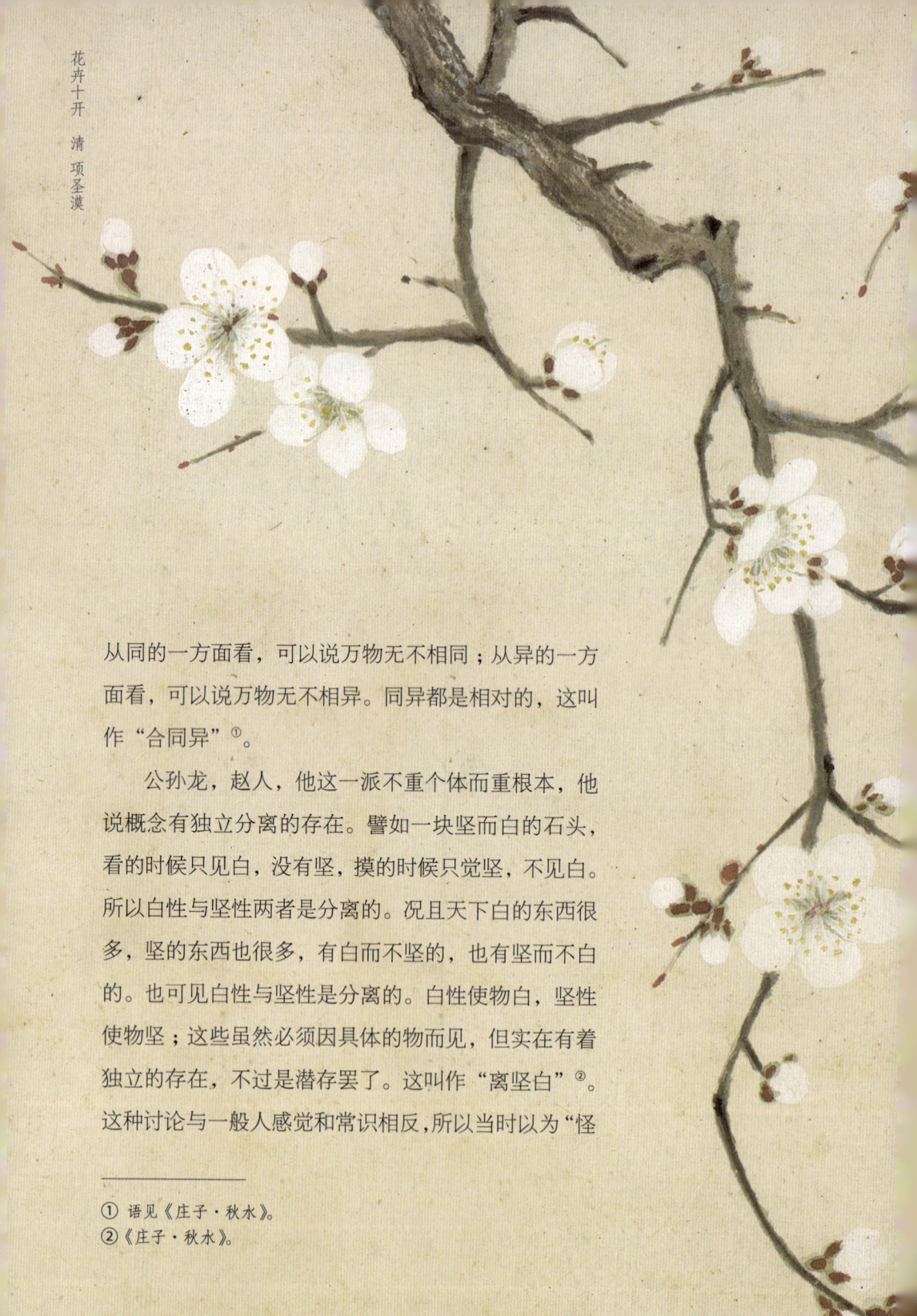

　　从同的一方面看，可以说万物无不相同；从异的一方面看，可以说万物无不相异。同异都是相对的，这叫作"合同异"①。

　　公孙龙，赵人，他这一派不重个体而重根本，他说概念有独立分离的存在。譬如一块坚而白的石头，看的时候只见白，没有坚，摸的时候只觉坚，不见白。所以白性与坚性两者是分离的。况且天下白的东西很多，坚的东西也很多，有白而不坚的，也有坚而不白的。也可见白性与坚性是分离的。白性使物白，坚性使物坚；这些虽然必须因具体的物而见，但实在有着独立的存在，不过是潜存罢了。这叫作"离坚白"②。这种讨论与一般人感觉和常识相反，所以当时以为"怪

---

① 语见《庄子·秋水》。
②《庄子·秋水》。

说""琦辞"",""辩而无用""。①但这种纯理论的兴趣,在哲学上是有它的价值的。至于辩者对于社会政治的主张,却近于墨家。

> 辩而无用:论辩色彩较浓,但没有什么实际用处。

儒、墨、道各家有一个共通的态度,就是托古立言;他们都假托古圣贤之言以自重。孔子托于文王、周公,墨子托于禹,孟子托于尧、舜,老、庄托于传说中尧、舜以前的人物;一个比一个古,一个压一个。不托古而变古的只有法家。法家出于"法术之士"②,法术之士是以政治为职业的专家。贵族政治崩坏的结果,一方面是平民的解放,一方面是君主的集权。这时候国家的范围,一天一天扩大,社会的组织也一天一天复杂。人治、礼治,都不适用了。法术之士便创一种新的政治方法帮助当时的君主整理国政,做他们的参谋。这就是法治。当时现实政治和各方面的趋势是变古——尊君权、禁私学、重富豪。法术之士便拥护这种趋势,加以理论化。

他们中间有重势、重术、重法三派,而韩非子集其大成。他本是韩国的贵族,学于荀子。他采取荀学、老学和辩者的理论,创立他的一家言;他说势、术、法三者都是"帝王之具"③,缺一不可。势的表现是赏罚:赏罚严,才可以推行法和术。因为人性究竟是恶的。术是君主驾驭臣下的技巧。综核名实是一个例。譬如教人做某官,按那官的名位,该能做出某些成绩来;

> 帝王之具:指的是帝王的才具,要成为帝王必备的条件。

---

① 《荀子·非十二子篇》。
② 语见《韩非子·孤愤》。
③ 《韩非子·定法》。

诸子第十 131

君主就可以照着去考核，看他名实能相副否。又如臣下有所建议，君主便叫他去做，看他能照所说的做到否。名实相副的赏；否则罚。法是规矩准绳，明主制下了法，庸主只要守着，也就可以治了。君主能够兼用法、术、势，就可以以一驭万，以静制动，无为而治。诸子都讲政治，但都是非职业的，多偏于理想。只有法家的学说，从实际政治出来，切于实用。中国后来的政治，大部分是受法家的学说支配的。

> 名实相副：名称或名声与实际情况相一致，符合实际情况。

古代贵族养着礼乐专家，也养着巫祝、术数专家。礼乐原来的最大的用处在丧、祭。丧、祭用礼乐专家，也用巫祝；这两种人是常在一处的同事。巫祝固然是迷信的；礼乐里原先也是有迷信成分的。礼乐专家后来沦为儒士；巫祝术数专家便沦为方士。他们关系极密切，所注意的事有些是相同的。汉代所称的阴阳家便出于方士。古代术数注意于所谓"天人之际"，以为天道人事互相影响。战国末年有些人更将这种思想推行起来，并加以理论化，使它成为一贯的学说。这就是阴阳家。

当时阴阳家的首领是齐人邹衍。他研究"阴阳消息"①，创为"五德终始"说②。"五德"就是五行之德。五行是古代的信仰。邹衍以为五行是五种天然势力，所谓"德"。每一德，各有盛衰的循环。在它当运的时候，天道人事，都受它支配。等到它运尽而衰，为别一德

> 消息：消减与增长互相替代，泛指盛衰和生死。

---

① 《史记·孟子荀卿列传》。
② 《吕氏春秋·有始览·名类篇》及《文选》左思《魏都赋》李善注引《七略》。

一重空翠一重烟
楼阁三层小
洞天才子寂宜
花春属伙
今结月婵娟
那无俊语酬
春色如此闻
恨易波筝尊

所胜所克，别一德就继起当运。木胜土，金胜木，火胜金，水胜火，土胜水，这样"终始"不息。历史上的事变都是这些天然势力的表现。每一朝代，代表一德；朝代是常变的，不是一家一姓可以永保的。阴阳家也讲仁义名分，却是受儒家的影响。那时候儒家也在开始受他们的影响，讲《周易》，作《易传》。到了秦汉间，儒家更几乎与他们混合为一；西汉今文家的经学大部便建立在阴阳家的基础上。后来"古文经学"虽然扫除了一些"非常""可怪"之论①，但阴阳家的思想已深入人心，牢不可拔了。

战国末期，一般人渐渐感着统一思想的需要，秦相吕不韦便是作这种尝试的第一个人。他教许多门客合撰了一部《吕氏春秋》。现在所传的诸子书，大概都是汉人整理编定的；他们大概是将同一学派的各篇编辑起来，题为某子。所以都不是有系统的著作。《吕氏春秋》却不然；它是第一部完整的书。吕不韦所以编这部书，就是想化零为整，集合众长，统一思想。他的基调却是道家。秦始皇统一天下，李斯为相，实行统一思想，他烧书，禁天下藏"《诗》《书》百家语"②。但时机到底还未成熟，而秦不久也就亡了，李斯是失败了。所以汉初诸子学依然很盛。

到了汉武帝的时候，淮南王刘安仿效吕不韦的故智，教门客编了一部《淮南子》，也以道家为基调，也想来统一思想。但成功的不是他，是董仲舒。董仲舒向武帝建议："六经和孔子的学说以外，各家一概禁止。邪说息了，秩序才可统一，标准才可分明，人民才知道他们应走的路"。③武帝采纳了他的话。从此，帝王用功名利禄提倡他们所定的儒学，儒学统于一尊；春秋战国时代言论思

---

① 何休《春秋公羊经传解诂序》说《春秋》中"多非常异议可怪之论"。
②《史记·秦始皇本纪》。
③ 原文见《汉书·董仲舒传》。

想极端自由的空气便消失了。这时候政治上既开了从来未有的大局面，社会和经济各方面的变动也渐渐凝成了新秩序，思想渐归于统一，也是自然的趋势。在这新秩序里，农民还占着大多数，宗法社会还保留着，旧时的礼教与制度一部分还可适用，不过民众化了罢了。另一方面，要创立政治上社会上各种新制度，也得参考旧的。这里便非用儒者不可了。儒者通晓以前的典籍，熟悉以前的制度，而又能够加以理想化、理论化，使那些东西秩然有序，粲然可观。别家虽也有政治社会学说，却无具体的办法，就是有，也不完备，赶不上儒家；在这建设时代，自然不能和儒学争胜。儒学的独尊，也是当然的。

> 粲然：显著，明显。

**参考资料**

冯友兰《中国哲学史》第一篇。

枫呦鹿图轴（局部） 清 顾荟同

辞赋第十一

# 内容导读

辞赋列为《经典常谈》第十一篇。辞赋是个泛义的概念，泛指楚辞和秦汉时仿照楚辞风格而作的具有抒情诗特点、以体物为主的、介于诗文之间的作品。

内容要点：

1.《楚辞》最具有代表性的就是屈原的《离骚》。屈原遭贵族排挤先后流放汉北和沅湘流域，《离骚》和《九章》的各篇，都是他放逐时候所作。他感念怀王的信任，却恨他糊涂，让一群小人蒙蔽着，播弄着。他走投无路，满腔委屈，千头万绪，无人可诉，只能告诉自己的一支笔。他用了许多神话和动植物的譬喻，委曲地表达了他对于怀王的忠爱，对于贤人君子的向往，对于群小的深恶痛疾。屈原诸作奠定了体制，宋玉、景差模拟他的风格。到了汉代，出现了东方朔、王褒、刘向等一大批模仿《离骚》的文人，汉人称这些作品为"辞"，一并纳入了刘向编的《楚辞》一书。王逸作注，并增加拟作成《楚辞章句》。北宋洪兴祖又有《楚辞补注》。

2.荀子的《赋篇》是最早称"赋"，《赋篇》安排主客问答，开后来赋体之先河，荀赋和屈辞原来似乎各是各的，荀赋和屈辞合一，据朱自清先生推断也许是在贾谊手里。荀卿以下赋大都是叙物明理之作。东汉班固作《两都赋》，张衡作《二京赋》，左思作《三都赋》，赋体渐短，句式整饬，务求精炼，不再讽谏。因为汉武帝好辞赋，所以繁荣一时，发展到唐初，发展出被称为"俳体"的赋；后来宋代不再注重排偶而趋向散文化，欧阳修、苏轼等人的赋便称为"文体"的赋。总体来看，赋虽然有韵，但更像是文而不算是诗。

屈原：是中国历史上第一位伟大的爱国诗人，中国浪漫主义文学的奠基人，"楚辞"的创立者和代表作家，开辟了"香草美人"的传统，被誉为"楚辞之祖"。屈原作品的出现，标志着中国诗歌进入了一个由大雅歌唱到浪漫独创的新时代，其主要作品有《离骚》《九歌》《九章》《天问》等。

缠绵悱恻：内心痛苦或忧伤、烦恼难以排遣或消除。

屈原是我国历史里永被纪念着的一个人。旧历五月五日端午节，相传便是他的忌日；他是投水死的，竞渡据说原来是表示救他的，粽子原来是祭他的。现在定五月五日为诗人节，也是为了纪念的缘故。他是个忠臣，而且是个缠绵悱恻的忠臣；他是个节士，而且是个浮游尘外、清白不污的节士。"举世皆浊而我独清，众人皆醉而我独醒"①，他的身世是一出悲剧。可是他永生在我们的敬意尤其是我们的同情里。"原"是他的号，"平"是他的名字。他是楚国的贵族，怀王时候，做"左徒"的官。左徒好像现在的秘书。他很有学问，熟悉历史和政治，口才又好。一方面参赞国事，一方面给怀王见客，办外交，头头是道，怀王很信任他。

当时楚国有亲秦亲齐两派；屈原是亲齐派。秦国看见屈原得势，便派张仪买通了楚国的贵臣上官大夫、靳尚等，在怀王面前说他的坏话。怀王果然被他们所惑，将屈原放逐到汉北去。张仪便劝怀王和齐国绝交，说秦国答应割地六百里。楚和齐绝了交，张仪却说答应的是六里。怀王大怒，便举兵伐秦，不料大败而归。这时候想起屈原来了，将他召回，教他出使齐国。亲

---

① 《楚辞·渔父》。

辞赋第十一　139

锦石秋花图　清　恽寿平

齐派暂时抬头。但是亲秦派不久又得势。怀王终于让秦国骗了去，拘留着，就死在那里。这件事是楚人最痛心的，屈原更不用说了。可是怀王的儿子顷襄王，却还是听亲秦派的话，将他二次放逐到江南去，他流浪了九年，秦国的侵略一天紧似一天，他不忍亲见亡国的惨象，又想以一死来感悟顷襄王，便自沉在汨罗江里。

《楚辞》中《离骚》和《九章》的各篇，都是他放逐时候所作。《离骚》尤其是千古流传的杰构。这篇大概是二次被放时作的。他感念怀王的信任，却恨他糊涂，让一群小人蒙蔽着，播弄着。而顷襄王又不能觉悟；以致国土日削，国势日危。他自己呢，"信而见疑，忠而被谤"①，简直走投无路；满腔委屈，千头万绪，没人可以诉说。终于只能告诉自己的一支笔，《离骚》便是这样写成的。"离骚"是"别愁"或"遭忧"的意思②。他是个富于感情的人，那一腔遏抑不住的悲愤，随着他的笔奔迸出来，"东一句，西一句，天上一句，地下一句"③，只是一片一段的，没有篇章可言。这和人在疲倦或苦痛的时候，叫"妈呀！""天哪！"一样；心里乱极了，闷极了，叫叫透一口气，自然是顾不到什么组织的。

篇中陈说唐、虞、三代的治，桀、纣、羿、浇的乱，善恶因果，历历分明；用来讽刺当世，感悟君王。他

---

《楚辞》："楚辞"的名称，西汉初期已有之，至刘向乃编成集。全书以战国时期楚国大夫屈原的作品为主，其余各篇也是承袭屈赋的形式。因其运用楚地的文学样式、方言声韵和风土物产等，具有浓厚的地方色彩，故名《楚辞》。《楚辞》收录战国楚人屈原、宋玉、景差及汉代东方朔、王褒、刘向等人辞赋共十七篇。

播弄：挑拨关系使不和睦。

走投无路：无路可走，无处可去。

---

① 《史记·屈原传》。
② 王逸《离骚经序》，班固《离骚赞序》。
③ 刘熙载《艺概》中《赋概》。

辞赋第十一　141

又用了许多神话里的譬喻和动植物的譬喻，委曲地表达出他对于怀王的忠爱，对于贤人君子的向往，对于群小的深恶痛疾。他将怀王比作美人，他是"求之不得"，"辗转反侧"；情辞凄切，缠绵不已。他又将贤臣比作香草。"美人香草"从此便成为政治的譬喻，影响后来解诗作诗的人很大。汉淮南王刘安作《离骚传》说："《国风》好色而不淫，《小雅》怨诽而不乱，若《离骚》者，可谓兼之矣。"①"好色而不淫"似乎就指美人香草用作政治的譬喻而言；"怨诽而不乱"是怨而不怒的意思。虽然我们相信"国风"的男女之辞并非政治的譬喻，但断章取义，淮南王的话却是《离骚》的确切评语。

《九章》的各篇原是分立的，大约汉人才合在一起，给了"九章"的名字。这里面有些是屈原初次被放时作的，有些是二次被放时作的。差不多都是"上以讽谏，下以自慰"②；引史事，用譬喻，也和《离骚》一样。《离骚》里记着屈原的世系和生辰，这几篇里也记着他放逐的时期和地域；这些都可以算是他的自叙传。他还作了《九歌》《天问》《远游》《招魂》等，却不能算自叙传，也"不皆是怨君"③；后世都说成怨君，便埋没了他的别一面的出世观了。他其实也是一"子"，也是一家之学。这可以说是神仙家，出于巫。《离骚》里说到周游上下四方，驾车的动物，驱使的役夫，都

讽谏：用含蓄委婉的方式来进行劝说，使改变主张或想法。

---

① 《史记·屈原传》。
② 王逸《楚辞章句序》。
③ 《朱子语类》一四〇。

黑猫和水仙　清　朱龄

楼台夜月图　南宋　马麟

是神话里的。《远游》更全是说的周游上下四方的乐处。这种游仙的境界，便是神仙家的理想。

《远游》开篇说，"悲时俗之迫厄兮，愿轻举而远游"，篇中又说，"临不死之旧乡"。人间世太狭窄了，也太短促了，人是太不自由自在了。神仙家要无穷大的空间，所以要周行无碍；要无穷久的时间，所以要长生不老。他们要打破现实的有限的世界，用幻想创出一个无限的世界来。在这无限的世界里，所有的都是神话里的人物；有些是美丽的，也有些是丑怪的。《九歌》里的神大都可爱；《招魂》里一半是上下四方的怪物，说得顶怕人的，可是一方面也奇诡可喜。因为注意空间的扩大，所以对于天地山川日月星辰，在在都有兴味。《天问》里许多关于天文地理的疑问，便是这样来的。一面惊奇天地之广大，一面也惊奇人事之诡异——善恶因果，往往有不相应的；《天问》里许多关于历史的疑问，便从这里着眼。这却又是他的入世观了。

奇诡：奇特，诡异。

要达到游仙的境界，须要"虚静以恬愉"，"无为而自得"，还须导引养生的修炼功夫，这在《远游》里都说了。屈原受庄学的影响极大。这些都是庄学；周行无碍，长生不老，以及神话里的人物，也都是庄学。但庄学只到"我"与自然打成一片而止，并不想创造一个无限的世界；神仙家似乎比庄学更进了一步。神仙家也受阴阳家的影响；阴阳家原也讲天地广大，讲禽兽异物的。阴阳家是齐学。齐国滨海，多有怪诞的思想。屈原常常出使到那里，所以也沾了齐气。还有齐人好"隐"。"隐"是"遁词以隐意，谲譬以指事"[①]，是用一种滑稽的态度来讽谏。淳于髡可为代表。楚人也好"隐"。屈原是楚人，而他的思想又受齐国的影响，他爱用种种政治的譬喻，大约也不免沾点齐气。但是他不取滑稽的态度，他是用一副悲剧面孔说话的。《诗大序》所谓"谲谏"，所谓"言之者无罪，闻之者足以戒"，倒是合式的说明。至于像《招魂》里的铺张排比，也许是纵横家的风气。

遁词以隐意，谲譬以指事：用含蓄的词句隐含真实意思，用委婉譬喻来曲折表达事情。

言之者无罪，闻之者足以戒：提意见的人没有过错，听的人要引以为戒。

---

① 《文心雕龙·谐隐篇》。

辞赋第十一

《离骚》各篇多用"兮"字足句，句逗以参差不齐为主。"兮"字足句，三百篇中已经不少；句逗参差，也许是"南音"的发展。"南"本是南乐的名称；三百篇中的二南，本该与风、雅、颂分立为四。二南是楚诗，乐调虽已不能知道，但和风、雅、颂必有异处。从二南到《离骚》，现在只能看出句逗由短而长、由齐而畸的一个趋势；这中间变迁的轨迹，我们还能找到一些，总之，决不是突如其来的。这句逗的发展，大概多少有音乐的影响。从《汉书·王褒传》，可以知道楚辞的诵读是有特别的调子的[1]，这正是音乐的影响。屈原诸作奠定了这种体制，模拟的日渐其多。就中最出色的是宋玉，他作了《九辩》。宋玉传说是屈原的弟子；《九辩》的题材和体制都模拟《离骚》和《九章》，算是代屈原说话，不过没有屈原那样激切罢了。宋玉自己可也加上一些新思想；他是第一个描写"悲秋"的人。还有个景差，据说是《大招》的作者；《大招》是模拟《招魂》的。

到了汉代，模拟《离骚》的更多，东方朔、王褒、刘向、王逸都走着宋玉的路。大概武帝时候最盛，以后就渐渐地差了。汉人称这种体制为"辞"，又称为"楚辞"。刘向将这些东西编辑起来，成为《楚辞》一书。东汉王逸给作注，并加进自己的拟作，叫作《楚辞章句》。北宋洪兴祖又作《楚辞补注》；《章句》和《补注》合为《楚辞》标准的注本。但汉人又称《离骚》等为

---

[1]《汉书·王褒传》："宣帝时征能为《楚辞》，九江被公召见诵读。"

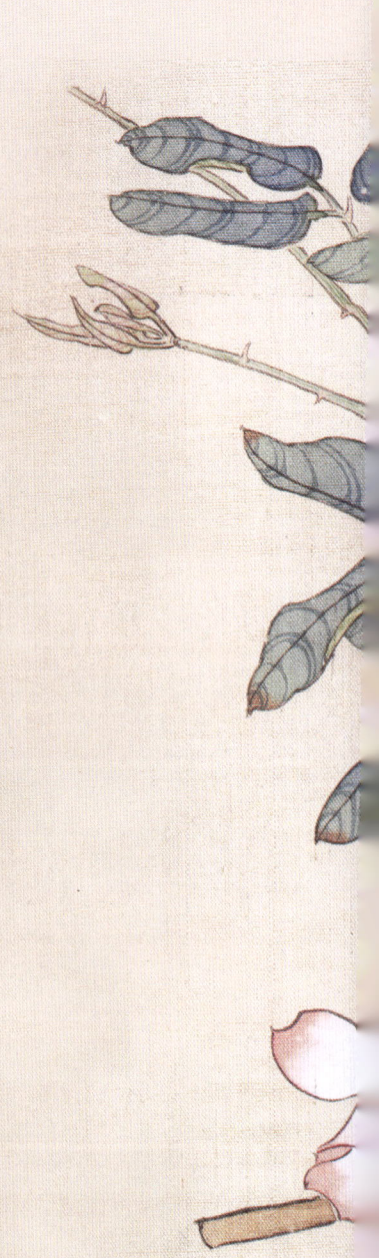

花鸟册页　清　任伯年

"赋"。《史记·屈原传》说他"作《怀沙》之赋";《怀沙》是《九章》之一,本无"赋"名。《传》尾又说,"宋玉、唐勒、景差之徒,皆好辞而以赋见称。"《汉书·艺文志·诗赋略》列"屈原赋二十五篇",就是《离骚》等。大概"辞"是后来的名字,专指屈、宋一类作品;赋虽从辞出,却是先起的名字,在未采用"辞"的名字以前,本包括"辞"而言。所以浑言称"赋",称"辞赋",分言称"辞"和"赋"。后世引述屈、宋诸家,只通称"楚辞",没有单称"辞"的。但却有称"骚""骚体""骚赋"的,这自然是"离骚"的影响。荀子的《赋篇》最早称"赋"。篇中分咏"礼""知""云""蚕""箴(针)"五件事物,像是谜语;其中颇有讽世的话,可以说是"隐"的支流余裔。荀子久居齐国的稷下,又在楚国做过县令,死在那里。他的好"隐",也是自然的。《赋篇》总题分咏,自然和后来的赋不同,但是安排客主,问答成篇,却开了后来赋家的风气。荀赋和屈辞原来似乎各是各的;这两体的合一,也许是在贾谊手里。贾谊是荀卿的再传弟子,他的境遇却近于屈原,又久居屈原的故乡;很可能的,他模拟屈原的体制,却袭用了荀卿的"赋"的名字。这种赋日渐发展,屈原诸作也便被称为"赋";"辞"的名字许是后来因为拟作多了,才分化出来,作为此体的专称的。辞本是"辩解的言语"的意思,用来称屈、宋诸家所作,倒也并无不合之处。

《汉书·艺文志·诗赋略》分赋为四类。"杂赋"十二家是总集,可以不论。屈原以下二十家,是言情之作。陆贾以下二十一家,已佚,大概近于纵横家言。

余裔:分支,末流。

稷下:战国齐都城临淄稷门附近。齐国曾在此设稷下学官,为战国时学术中心。

就中"陆贾赋三篇",在贾谊之先;但作品既不可见,是他自题为赋,还是后人追题,不能知道,只好存疑了。荀卿以下二十五家,大概是叙物明理之作。这三类里,贾谊以后各家,多少免不了屈原的影响,但已渐有散文化的趋势;第一类中的司马相如便是创始的人。——托为屈原作的《卜居》《渔父》,通篇散文化,只有几处用韵,似乎是《庄子》和荀赋的混合体制,又当别论。——散文化更容易铺张些。"赋"本是"铺"的意思,铺张倒是本来面目。可是铺张的作用原在讽谏;这时候却为铺张而铺张。所谓"劝百而讽一"①。当时汉武帝好辞赋,作者极众,争相竞胜,所以致此。扬雄说,"诗人之赋丽以则,辞人之赋丽以淫"②;"诗人之赋"便是前者,"辞人之赋"便是后者。甚至有诙谐嫚戏,毫无主旨的。难怪辞赋家会被人鄙视为倡优了。

东汉以来,班固作《两都赋》,"概众人之所眩曜,折以今之法度"③;张衡仿他作《二京赋》。晋左思又仿作《三都赋》。这种赋铺叙历史地理,近于后世的类书;是陆贾、荀卿两派的混合,是散文的更进一步。这和屈、贾言情之作却迥不相同了。此后赋体渐渐缩短,字句却整炼起来。那时期一般诗文都趋向排偶化,赋先是领着走,后来是跟着走;作赋专重写景述情,务求精巧,不再用来讽谏。这种赋发展到齐、梁、唐初为极

倡优:指擅长乐舞、杂耍的人。

张衡:东汉时期杰出的天文学家、数学家、发明家、地理学家、文学家。文学作品以《二京赋》《归田赋》等为代表,与司马相如、扬雄、班固并称"汉赋四大家"。

---

① 《汉书·司马相如传赞》引扬雄语。
② 《法言·吾子篇》。
③ 《两都赋序》。

辞赋第十一 149

狸奴图轴（局部） 清 王礼

盛，称为"俳体"的赋[1]。"俳"是游戏的意思，对讽谏而言；其实这种作品倒也并非滑稽嫚戏之作。唐代古文运动起来，宋代加以发挥光大，诗文不再重排偶而趋向散文化，赋体也变了。像欧阳修的《秋声赋》，苏轼的前后《赤壁赋》，虽然有韵而全篇散行，排偶极少，比《卜居》《渔父》更其散文的。这称为"文体"的赋[2]。唐、宋两代，以诗赋取士，规定程式。那种赋定为八韵，调平仄，讲对仗；制题新巧，限韵险难。这只是一种技艺罢了。这称为"律赋"。对"律赋"而言，"俳体"和"文体"的赋都是"古赋"；这"古赋"的名字和"古文"的名字差不多，真正"古"的如屈宋的辞，汉人的赋，倒是不包括在内的。赋似乎是我国特有的体制；虽然有韵，而就它全部的发展看，却与文近些，不算是诗。

> 俳体：一种注重韵律、讲求对仗工整的文体。

**参考资料**

游国恩《读骚论微初集》。

---

[1] "俳体"的名称，见元祝尧《古赋辨体》。
[2] "文体"的名称，见元祝尧《古赋辨体》。

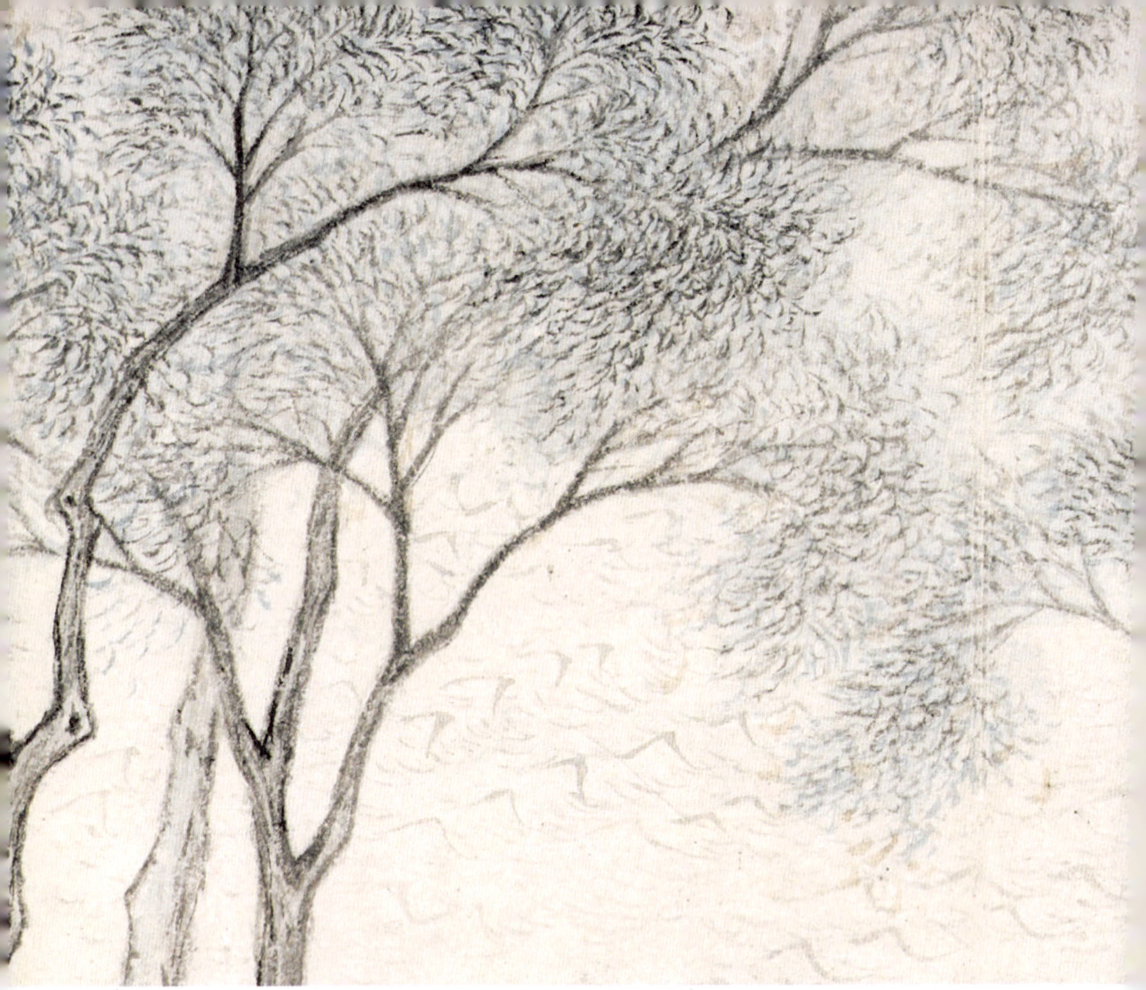

秋景（局部） 清 顾逵

诗第十二

## 内容导读

诗列为《经典常谈》第十二篇。诗是文学体裁的一种,通过有节奏、韵律的语言集中反映生活,抒写情感。

内容要点:

1.诗歌发展的顶峰在唐朝,其实在唐以前,诗也有一个很长的演化过程。汉武帝设了乐府,专门从事采集代、赵、秦、楚的歌谣和乐谱工作,以备传习唱奏。楚声里整齐的五言是五言诗的源头。北宋郭茂倩收集汉乐府以下历代合乐和不合乐的歌谣,以及模拟之作,成《乐府诗集》。

2.汉末出现了《文选》里的《古诗十九首》。到了建安年间,出了曹植这个大诗人,但真正奠定了五言诗基础的,则是曹魏的阮籍,他正式成立了抒情的五言诗。晋代的诗,渐渐排偶化、典故化,玄言诗渐趋兴盛,也变得千篇一律,但在这种影响下,却孕育了陶渊明和谢灵运。陶诗教给人怎样赏味田园,谢诗教给人怎样赏味山水;他们都是发现自然的诗人。

3.齐武帝永明年间出现了"声律说"。到了梁简文帝又出现了"宫体诗",诗的境界反而变窄了,形式与体裁新变也影响了唐代的诗。七言的乐歌渐次发展,谐调的发展成立了近体诗以及不谐调的古体诗,出现了李、杜这两座高峰。李白因触犯杨贵妃而不能得志,纵情山水和酒,人称"天上谪仙人";朱自清认为真正继往开来的诗人是杜甫,李白用诗来抒写自己的生活,杜甫用诗来抒写那个大时代,诗的领域扩大了,价值也增高了。也因此而影响到两宋时代,"没有一个诗人不直接、间接学他"。

4.宋诗有了散文化的倾向,到了苏轼最为明显,他将禅学大量放进诗里,开了一个新境界。南宋的三大诗人杨万里、范成大、陆游是从江西诗派发展起来的。各朝代都有诗的特点,求新、求变,都体现一定的进步趋向。

乐府：原是汉代朝廷的音乐官署，它的主要任务是采集各地民间诗歌和乐曲。后世把这类民歌或文人模拟的作品也叫作乐府。

《乐府诗集》：继《诗经》之后，一部总括我国古代乐府歌辞的著名诗歌总集，由北宋郭茂倩所编。该书辑录了先秦歌谣，汉代至唐五代的乐府诗，全书一百卷，共五千多首，是现存收集乐府歌辞最完备的一部作品。

汉武帝立乐府，采集代、赵、秦、楚的歌谣和乐谱；教李延年作协律都尉，负责整理那些歌辞和谱子，以备传习唱奏。当时乐府里养着各地的乐工好几百人，大约便是演奏这些乐歌的。歌谣采来以后，他们先审查一下。没有谱子的，便给制谱；有谱子的，也得看看合式不合式，不合式的地方，便给改动一些。这就是"协律"的工作。歌谣的"本辞"合乐时，有的保存原来的样子，有的删节，有的加进些复沓的甚至不相干的章句。"协律"以乐为主，只要合调；歌辞通不通，他们是不大在乎的。他们有时还在歌辞里夹进些泛声；"辞"写大字，"声"写小字。但流传久了，声辞混杂起来，后世便不容易看懂了。这种种乐歌，后来称为"乐府诗"，简称就叫"乐府"。北宋太原郭茂倩收集汉乐府以下历代合乐的和不合乐的歌谣，以及模拟之作，成为一书，题作《乐府诗集》；他所谓"乐府诗"，范围是很广的。就中汉乐府，沈约《宋书·乐志》特称为"古辞"。

汉乐府的声调和当时称为"雅乐"的三百篇不同，所采取的是新调子。这种新调子有两种："楚声"和"新声"。屈原的辞可为楚声的代表。汉高祖是楚人，喜欢楚声；楚声比雅乐好听。一般人不用说也是喜欢楚声。楚声便成了风气。武帝时乐府所采的歌谣，楚以

诗第十二 155

松下抱琴　清　杜湘

外虽然还有代、赵、秦各地的，但声调也许差不很多。那时却又输入了新声；新声出于西域或北狄的军歌。李延年多采取这种调子唱奏歌谣，从此大行，楚声便让压下去了。楚声的句调比较雅乐参差得多，新声的更比楚声参差得多。可是楚声里也有整齐的五言,楚调曲里各篇更全然如此,像著名的《白头吟》《梁甫吟》《怨歌行》都是的[①]。这就是五言诗的源头。

　　汉乐府以叙事为主。所叙的社会故事和风俗最多，历史及游仙的故事也占一部分。此外便是男女相思和离别之作，格言式的教训，人生的慨叹，等等。这些都是一般人所喜欢的题材。用一般人所喜欢的调子，歌咏一般人所喜欢的题材，自然可以风靡一世。哀帝即位，却以为这些都是不正经的乐歌；他废了乐府，裁了多一半乐工——共四百四十一人——大概都是唱奏各地乐歌的。当时颇想恢复雅乐，但没人懂得，只好罢了。不过一般人还是爱好那些乐歌。这风气直到汉末不变。东汉时候，这些乐歌已经普遍化，文人仿作的渐多；就中也有仿作整齐的五言的，像班固《咏史》。但这种五言的拟作极少；而班固那一首也未成熟，钟嵘在《诗品序》里评为"质木无文"，是不错的。直到汉末，一般文体都走向整炼一路，试验这五言体的便多起来,而最高的成就是《文选》所录的《古诗十九首》。

　　旧传最早的五言诗，是《古诗十九首》和苏武、李陵诗；说"十九首"里有七首是枚乘作，和苏李诗都出现于汉武帝时代。但据近来的研究，这十九首古诗实在都是汉末的作品；苏李诗虽题了苏李的名字，却不合于他们的事迹，从风格上看，大约也和"十九首"出现在差不多的时候。这十九首古诗并非一人之作，也非一时之作，但都模拟言情的乐府。歌咏的多是相思离别，以及人生无常当及

---

[①] 以上参用朱希祖《汉三大乐府调辨》(《清华学报》四卷二期）说。

时行乐的意思；也有对于邪臣当道、贤人放逐、朋友富贵相忘、知音难得等事的慨叹。这些都算是普遍的题材；但后一类是所谓"失志"之作，自然兼受了《楚辞》的影响。钟嵘评古诗，"可谓几乎一字千金"；因为所咏的几乎是人人心中所要说的，却不是人人口中、笔下所能说的，而又能够那样平平说出，曲曲说出，所以是好。"十九首"只像对朋友说家常话，并在不字面上用功夫，而自然达意，委婉尽情，合于所谓"温柔敦厚"的诗教①。到唐为止，这是五言诗的标准。

温柔敦厚：态度温和，朴实厚道。

汉献帝建安年间（西元一九六至二一九），文学极盛，曹操和他的儿子曹丕、曹植兄弟是文坛的主持人；而曹植更是个大诗家。这时乐府声调已多失传，他们却用乐府旧题，改作新词，曹丕、曹植兄弟尤其努力在五言体上。他们一班人也作独立的五言诗。叙游宴，述恩荣，开后来应酬一派。但只求明白诚恳，还是歌谣本色。就中曹植在曹丕做了皇帝之后，颇受猜忌，忧患的情感，时时流露在他的作品里。诗中有了"我"，所以独成大家。这时候五言作者既多，开始有了工拙的评论；曹丕说刘桢"五言诗之善者，妙绝时人"②，便是例子。但真正奠定了五言诗的基础是魏代的阮籍，他是第一个用全力作五言诗的人。

工拙：工细精致和拙笨低劣。

阮籍是老庄和屈原的信徒。他生在魏晋交替的时代，眼见司马氏三代专权，欺负曹家，压迫名士，一肚皮牢骚只得发泄在酒和诗里。他作了《咏怀诗》

① "诗教"见《礼记·经解》。
② 《与吴质书》。

八十多首，述神话，引史事，叙艳情，托于鸟兽草木之名，主旨不外说富贵不能常保，祸患随时可至，年岁有限，一般人钻在利禄的圈子里，不知放怀远大，真是可怜之极。他的诗充满了这种悲悯的情感，"忧思独伤心"①一句可以表见。这里《楚辞》的影响很大；钟嵘说他"源出于《小雅》"，似乎是皮相之谈。本来五言诗自始就脱不了《楚辞》的影响，不过他尤其如此。他还没有用心琢句；但语既浑括，譬喻又多，旨趣更往往难详。这许是当时的不得已，却因此增加了五言诗文人化的程度。他是这样扩大了诗的范围，正式成立了抒情的五言诗。

晋代诗渐渐排偶化、典故化。就中左思的《咏史诗》，郭璞的《游仙诗》，也取法《楚辞》，借古人及神仙抒写自己的怀抱，为后世所宗。郭璞是东晋初的人。跟着就流行了一派玄言诗。孙绰、许询是领袖。他们作诗，只是融化老庄的文句，抽象说理，所以钟嵘说像"道德论"②。这种诗千篇一律，没有"我"；《兰亭集诗》各人所作四言五言各一首，都是一个味儿，正是好例。但在这种影响下，却孕育了陶渊明和谢灵运两个大诗人。陶渊明，浔阳柴桑人，做了几回小官，觉得做官不自由，终于回到田园，躬耕自活。他也是老庄的信徒，从躬耕里领略到自然的恬美和人生的道理。他是第一个人将田园生活描写在诗里。他的躬耕免祸的哲学也许不是新的，可都是他从真实生活里体验得来的，与口头的玄理不同，所以亲切有味，诗也不妨说理，但须有理趣，他的诗能够做到这一步。他作诗也只求明白诚恳，不排不典；他的诗是散文化的。这违反了当时的趋势，所以《诗品》只将他放在中品里。但他后来确成

---

①《咏怀》第一首。
②《诗品·序》。

了千古"隐逸诗人之宗"①。

　　谢灵运，宋时做到临川太守。他是有政治野心的，可是不得志。他不但是老、庄的信徒，也是佛的信徒。他最爱游山玩水，常常领了一群人到处探奇访胜；他的自然的哲学和出世的哲学教他沉溺在山水的清幽里。他是第一个在诗里用全力刻画山水的人；他也可以说是第一个用全力雕琢字句的人。他用排偶，用典故，却能创造新鲜的句子；不过描写有时不免太繁重罢了。他在赏玩山水的时候，也常悟到一些隐遁的超旷的人生哲理；但写到诗里，不能和那精巧的描写打成一片，像硬装进去似的。这便不如陶渊明的理趣足，但比那些"道德论"自然高妙得多。陶诗教给人怎样赏味田园，谢诗教给人怎样赏味山水；他们都是发现自然的诗人。陶是写意，谢是工笔。谢诗从制题到造句，无一不是工笔。他开了后世诗人着意描写的路子；他所以成为大家，一半也在这里。

　　齐武帝永明年间（西元四八三至四九三），"声律说"大盛。四声的分别，平仄的性质，双声叠韵的作用，都有人指出，让诗文作家注意。从前只着重句末的韵，这时更着重句中的"和"；"和"就是念起来顺口，听起来顺耳。从此诗文都力求谐调，远于语言的自然。这时的诗，一面讲究用典，一面讲究声律，不免有侧重技巧的毛病。到了梁简文帝，又加新变，专咏艳情，称为"宫体"，诗的境界更狭窄了。这种形式与题材的新变，一直影响到唐初的诗。

　　这时候七言的乐歌渐渐发展。汉魏文士仿作乐府，已经有七言的，但只零星偶见，后来舞曲里常有七言之作。到了宋代，鲍照有《行路难》十八首，人生的感慨颇多，和舞曲描写声容的不一样，影响唐代的李白、杜甫很大。但是梁以来七言的发展，却

---

① 《诗品》论陶语。

老蓮洪綬

山水人物　明　陳洪綬

还跟着舞曲的路子，不跟着鲍照的路子。这些都是宫体的谐调。

唐代谐调发展，成立了律诗绝句，称为近体；不是谐调的诗，称为古体；又成立了古近体的七言诗。古体的五言诗也变了格调。这些都是划时代的。初唐时候，大体上还继续着南朝的风气，辗转在艳情的圈子里。但是就在这时候，沈佺期、宋之问奠定了律诗的体制。南朝论声律，只就一联两句说；沈宋却能看出谐调有四种句式。两联四句才是谐调的单位，可以称为周期。这单位后来写成"仄仄平平仄　平平仄仄平　平平平仄仄　仄仄仄平平"的谱。沈宋在一首诗里用两个周期，就是重叠一次；这样，声调便谐和富厚，又不致单调。这就是八句的律诗。律有"声律""法律"两义。律诗体制短小，组织必须经济，才能发挥它的效力；"法律"便是这个意思。但沈宋的成就只在声律上，"法律"上的进展，还等待后来的作家。

宫体诗渐渐有人觉得腻味了；陈子昂、李白等说这种诗颓靡浅薄，没有价值。他们不但否定了当时古体诗的题材，也否定了那些诗的形式。他们的五言古体，模拟阮籍的《咏怀》，但是失败了。一般作家却只大量的仿作七言的乐府歌行，带着多少的排偶与谐调。——当时往往就这种歌行里截取谐调的四句入乐奏唱——可是李白更撇开了排偶和谐调，作他的七言乐府。李白，蜀人，明皇时作供奉翰林；触犯了杨贵妃，不能得志。他是个放浪不羁的人，便辞了职，游山水，喝酒，作诗，他的乐府很多，取材很广；他是

颓靡：颓丧萎靡。

借着乐府旧题来抒写自己生活的。他的生活态度是出世的；他作诗也全任自然。人家称他为"天上谪仙人"①；这说明了他的人和他的诗。他的歌行增进了七言诗的价值；但他的绝句更代表着新制。绝句是五言或七言的四句，大多数是谐调。南北朝民歌中，五言四句的谐调最多，影响了唐人；南朝乐府里也有七言四句的，但不太多，李白和别的诗家纷纷制作，大约因为当时输入的西域乐调宜于这体制，作来可供宫廷及贵人家奏唱。绝句最短小，贵含蓄，忌说尽。李白所作，自然而不觉费力，并且暗示着超远的境界；他给这新体诗立下了一个标准。

但是真正继往开来的诗人是杜甫。他是河南巩县人。安禄山陷长安，肃宗在灵武即位，他从长安逃到灵武，做了"左拾遗"的官，因为谏救房琯，被放了出去。那时很乱，又是荒年，他辗转流落到成都，依靠故人严武，做到"检校工部员外郎"，所以后来称为杜工部。他在蜀中住了很久。严武死后，他避难到湖南，就死在那里。他是儒家的信徒："致君尧舜上，再使风俗淳"是他的素志②。又身经乱离，亲见了民间疾苦。他的诗努力描写当时的情形，发抒自己的感想。唐代以诗取士，诗原是应试的玩意儿；诗又是供给乐工歌妓唱了去伺候宫廷及贵人的玩意儿。李白用来抒写自己的生活，杜甫用来抒写那个大时代，诗的领域扩大了，价值也增高了。而杜甫写"民间的实在痛苦，社会的实在问题，国家的实在状况，人生的实在希望与恐惧"③，更给诗开辟了新世界。

他不大仿作乐府，可是他描写社会生活正是乐府的精神；他的写实的态度也是从乐府来的。他常在诗里发议论，并且引证经

---

① 原是贺知章语，见《旧唐书·李白传》。
② 杜甫《奉赠韦左丞丈二十二韵》。
③ 胡适《白话文学史》。

史百家；但这些议论和典故都是通过了他的满腔热情奔迸出来的，所以还是诗。他这样将诗历史化和散文化；他这样给诗创造了新语言。古体的七言诗到他手里正式成立；古体的五言诗到他手里变了格调。从此"温柔敦厚"之外，又开了"沉着痛快"一派①。五言律诗，王维、孟浩然已经不用来写艳情而用来写山水；杜甫却更用来表现广大的实在的人生。他的七言律诗，也是如此。他作律诗很用心在组织上。他的五言律诗最多，差不多穷尽了这体制的变化。他的绝句直述胸怀，嫌没有余味；但那些描写片段的生活印象的，却也不缺少暗示的力量。他也能欣赏自然，晚年所作，颇有清新的刻画的句子。他又是个有谐趣的人，他的诗往往透着滑稽的风味。但这种滑稽的风味和他的严肃的态度调和得那样恰到好处，一点也不至于减损他和他的诗的身份。

杜甫的影响直贯到两宋时代，没有一个诗人不直接间接学他的，没有一个诗人不发扬光大他的。古文家韩愈，跟着他将诗进一步散文化；而又造奇喻，押险韵，铺张描写，像汉赋似的。他的诗逞才使气，不怕说尽，是"沉着痛快"的诗。后来有元稹、白居易二人在政治上都升沉一番；他们却继承杜甫写实的表现人生的态度，他们开始将这种态度理论化；主张诗要"上以补察时政，下以泄导人情"，"嘲风雪，弄花草"

元稹：唐代文学家，与白居易同科及第，结为终生诗友，同倡新乐府运动，共创"元和体"，世称"元白"。

白居易：唐代伟大的现实主义诗人，与李白、杜甫合称"唐代三大诗人"。白居易与元稹共同倡导新乐府运动，世称"元白"。

---

①《沧浪诗话》说诗的"大概有二：曰优游不迫，曰沉着痛快"。"优游不迫"就是"温柔敦厚"。

擬雲一徑澹風漪
翠篠蕭蕭冷硯池
便仿朱書魚片
瓦宮私不許怒蛙
知麥鞠溪泉涴
硯塵溪花真暈

一径澹风漪　清 柳如是

花卉十开（局部） 清 项圣谟

是没有意义的[1]。他们反对雕琢字句，主张诚实自然。他们将自己的诗分为"讽谕"的和"非讽谕"的两类。他们的诗却容易懂，又能道出人人心中的话，所以雅俗共赏，一时风行。当时最流传的是他们新创的谐调的七言叙事诗，所谓"长庆体"的，还有社会问题诗。

　　晚唐诗向来推李商隐、杜牧为大家。李一生辗转在党争的影响中，他和温庭筠并称：他们的诗又走回艳情一路。他们集中力量在律诗上，用典精巧，对偶整切，但李学杜韩，器局较大，他的艳情诗有些实在是政治的譬喻，实在是感时伤事之作，所以地位在温之上。杜牧做了些小官儿，放荡不羁，而很负盛名，人家称为"小杜"——"老杜"是杜甫，他的诗词采华艳，却富有纵横气，又和温李不同。然而都可以归为绮丽一派。这时候别的诗家也集中力量在律诗上。一些人专学张籍、贾岛的五言律，这两家都重苦吟，

绮丽：鲜艳夺目。

---

[1] 白居易《与元九（稹）书》。

总捉摸着将平常的题材写得出奇，所以思深语精，别出蹊径。但是这种诗写景有时不免琐屑，写情有时不免偏僻，便觉不大方。这是僻涩一派。另一派出于元白，作诗如说话，嬉笑怒骂，兼而有之，又时时杂用俗语，这是粗豪一派①。这些其实都是杜甫的鳞爪，也都是宋诗的先驱；绮丽一派只影响宋初的诗，僻涩、粗豪两派却影响了宋一代的诗。

宋初的诗专学李商隐；末流只知道典故对偶，真成了诗玩意儿。王禹偁独学杜甫，开了新风气。欧阳修、梅尧臣接着发现了韩愈，起始了宋诗的散文化。欧阳修曾遭贬谪；他是古文家。梅尧臣一生不得志。欧诗虽学韩，却平易疏畅，没有奇险的地方。梅诗幽深淡远，欧评他"譬如妖韶女，老自有余态"，"初如食橄榄，其味久愈在"②。宋诗散文化，到苏轼而极。他是眉州眉山（今四川眉山）人。因为攻击王安石新法，一辈子升沉在党争中。他将禅理大量的放进诗里，开了一个新境界。他的诗气象洪阔，铺叙宛转，又长于譬喻，真到用笔如舌的地步；但不免"掉书袋"的毛病。他门下出了一个黄庭坚，是第一个有意的讲究诗的技巧的人。他是洪州分宁（今江西修水）人，也因党争的影响，屡遭贬谪，终于死在贬所。他作诗着重锻炼，着重句律；句律就是篇章字句的组织与变化。他开了江西诗派。

刘克庄《江西诗派小序》说他"荟萃百家句律之

掉书袋：形容爱引用古代典籍或诗文中的句子来表达，显得有学问或为了炫耀。

荟萃百家……不轻出：集中百家诗歌格句律的长处，推究各个朝代体式制度的变化规律，搜寻奇特的书籍，浏览各种奇特的见闻，作为古诗句律，自己独立成为一个派别，即使只字半句也不轻易说出来。

① 以上参用胡小石《中国文学史》（上海人文社版）说。
②《水谷夜行寄子美圣俞》。

诗第十二　167

长，究极历代体制之变，搜猎奇书，穿穴异闻，作为古律，自成一家；虽只字半句不轻出"。他不但讲究句律，并且讲究运用经史以至奇书异闻，来增富他的诗。这些都是杜甫传统的发扬光大。王安石已经提倡杜诗，但到黄庭坚，这风气才昌盛。黄还是继续将诗散文化，但组织得更经济些；他还是在创造那阔大的气象，但要使它更富厚些。他所求的是新变。他研究历代诗的利病，将作诗的规矩得失，指示给后学，教他们知道路子，自己去创造，发展到变化不测的地步。所以能够独开一派。他不但创新，还主张点化陈腐以为新；创新需要大才，点化陈腐，中才都可勉力作去。他不但能够"以故为新"，并且能够"以俗为雅"。其实宋诗都可以说是如此，不过他开始有意的运用这两个原则罢了。他的成就尤其在七言律上；组织固然更精密，音调也谐中有拗，使每个字都斩绝的站在纸面上，不至于随口滑过去。

　　南宋的三大诗家都是从江西派变化出来的。杨万里为人有气节；他的诗常常变格调。写景最工；新鲜活泼的譬喻，层见叠出，而且不碎不僻，能从大处下手。写人的情意，也能铺叙纤悉，曲尽其妙；所谓"笔端有口，句中有眼"①。他作诗只是自然流出，可是一句一转，一转一意；所以只觉得熟，不觉得滑。不过就全诗而论，范围究竟狭窄些。范成大是个达官。他是个自然诗人，清新中兼有拗峭。陆游是个爱君爱国的诗人。吴之振《宋诗钞》说他学杜而能得杜的心。他的

杨万里：字廷秀，号诚斋，南宋著名诗人、大臣，与陆游、尤袤、范成大并称为"中兴四大诗人"。有《诚斋集》等传世。

纤悉：纤毫都能洞察和熟悉。

范成大：字至能，一字幼元，早年自号此山居士，晚号石湖居士。范成大素有文名，尤工于诗。他从江西派入手，后学习中、晚唐诗，继承白居易、王建、张籍等诗人新乐府的现实主义精神，终于自成一家。风格平易浅显、清新妩媚。

————————
① 周必大跋杨诚斋诗语。

豪宕：豪放不受拘束和限制。

诗有两种：一种是感激豪宕，沉郁深婉之作；一种是流连光景，清新刻露之作。他作诗也重真率，轻"藻绘"，所谓"文章本天成,妙手偶得之"[1]。他活到八十五岁，诗有万首，最熟于诗律，七言律尤为擅长。——宋人的七言律实在比唐人进步。

向来论诗的对于唐以前的五言古诗，大概推尊，以为是诗的正宗；唐以后的五言古诗，却说是变格，价值差些，可还是诗。诗以"吟咏情性"[2]，该是"温柔敦厚"的，按这个界说，齐、梁、陈、隋的五言古诗其实也不够格，因为题材太小，声调太软，算不得"敦厚"。七言歌行及近体成立于唐代，却只能以唐代为正宗。宋诗议论多，又一味刻画，多用俗语，拗折声调。他们说这只是押韵的文，不是诗，但是推尊宋诗的却以为天下事物穷则变，变则通，诗也是如此。变是创新，是增扩，也就是进步。若不容许变，那就只有模拟，甚至只有钞袭；那种"优孟衣冠"，甚至土偶木人，又有什么意义可言！即如模拟所谓盛唐诗的，末流往往只剩了空廓的架格和浮滑的声调；要是再不变，诗道岂不真穷了？所以诗的界说应该随时扩展；"吟咏情性""温柔敦厚"诸语，也当因历代的诗辞而调整原语的意义。诗毕竟是诗，无论如何的扩展与调整，总不会与文混合为一的。诗体正变说起于宋代，唐、宋分界说起于明代；其实历代诗各有胜场也各有短处，只要知道新、变，便是进步，这些争论是都不成问题的。

---

[1] 陆游《文章诗》。
[2] 《诗大序》。

春花图 清 恽寿平

文第十三

## 内容导读

文列为《经典常谈》第十三篇。文章千古事，得失寸心知。文章写作不是等闲之事，可以上升到"经国之大业，不朽之盛事"，是国家文教事业兴旺的见证，也是世道人心的符号表征。文章合为时而著，歌诗合为事而作。文章写作是时代产物，当然也可以超越时代，成为跨越性巨作名篇。音实难知，知实难求。文章创作之后就进入流通环节，千古传颂，代代传承。文者未必然，而会者未必不然，阅读文章是二次创作，也可以是仁者见仁，智者见智。一千个读者有一千个哈姆雷特，书者有心，读者会意，得失之间如人饮水，冷暖自知。

内容要点：

1. 从最早的商代的卜辞这种官家公文说起。到了春秋的时候，外交的言语也称为"辞"或"命"。辞命的重要，代表议论文的发展。

2. 到了战国，游说之风大盛，辩士们的说辞铺张扬厉，伴随着议论文的发展，记事文也有了长足的进步，《春秋左氏传》是写事的丰碑，《史记》是写人的丰碑。汉武帝时候，盛行辞赋，赋的特色是铺张、排偶、用典故，汉、魏之际，排偶更甚。梁昭明在《文选》中第一次提出"文"的标准，典故、譬喻用得好。

3. 真正开了文体宗派的，是唐代韩愈。他力求以散行的句子换去排偶的句子，句逗总弄得参参差差的。他的标准是"气"，就是自然的语气，并且有意将白话的自然音节引到语言中去。韩愈成为新体的"古文"、宋代所成的"散文"的创立者。之后经过欧阳修与苏轼的发扬，古文成了正宗。

4. 唐代发展出的新文体"传奇"，到了宋代有了"话本"，后又演化成许多相互关联的故事，分为"章回"了，是白话小说的发端，演化出了《三国演义》《水浒传》和《西游记》，直到《红楼梦》成为白话小说集大成者。明代八股文盛行。胡适之先生提倡白话文，经过五四运动，白话文流传开来。

> 编纂：编辑（多指资料较多、篇幅较大的著作）。

> 两造：指打官司的双方，原告和被告。

现存的中国最早的文，是商代的卜辞。这只算是些句子，很少有一章一节的。后来《周易》卦爻辞和《鲁春秋》也是如此，不过经卜官和史官按着卦爻与年月的顺序编纂起来，比卜辞显得整齐些罢了。便是这样，王安石还说《鲁春秋》是"断烂朝报"①。所谓"断"，正是不成片段、不成章节的意思。卜辞的简略大概是工具的缘故；在脆而狭的甲骨上用刀笔刻字，自然不得不如此。卦爻辞和《鲁春秋》似乎没有能够跳出卜辞的氛围去；虽然写在竹木简上，自由比较多，却依然只跟着卜辞走。《尚书》就不同了。"虞夏书"大概是后人追记，而且大部分是战国末年的追记，可以不论；但那几篇"商书"，即使有些是追记，也总在商周之间。那不但有章节，并且成了篇，足以代表当时史的发展，就是叙述文的发展。而议论文也在这里面见了源头。卜辞是"辞"，《尚书》里大部分也是"辞"。这些都是官文书。

记言记事的辞之外，还有讼辞。打官司的时候，原被告的口供都叫作"辞"；辞原是"讼"的意思②，是辩解的言语。这种辞关系两造的利害很大，两造都

---

① 宋周麟之跋孙觉《春秋经解》引王语。"朝报"相当于现在的政府公报。
②《说文》辛部。

文第十三 173

竹子与猫 清 金农

得用心陈说；审判官也得用心听，他得公平的听两面儿的。这种辞也兼有叙述和议论；两造自己办不了，可以请教讼师。这至少是周代的情形。春秋时候，列国交际频繁，外交的言语关系国体和国家的利害更大，不用说更需慎重了。这也称为"辞"，又称为"命"，又合称为"辞命"或"辞令"。郑子产便是个善于辞命的人。郑是个小国，他办外交，却能教大国折服，便靠他的辞命，他的辞引古为证，宛转而有理，他的态度却坚强不屈。孔子赞美他的辞，更赞美他的"慎辞"①。孔子说当时郑国的辞命，子产先教裨谌创意起草，交给世叔审查，再教行人子羽修改，末了儿他再加润色②。他的确很慎重的。辞命得"顺"，就是宛转而有理；还得"文"，就是引古为证。

　　孔子很注意辞命，他觉得这不是件易事，所以自己谦虚地说是办不了。但教学生却有这一科；他称赞宰我、子贡，擅长言语③，"言语"就是"辞命"。那时候言文似乎是合一的。辞多指说出的言语，命多指写出的言语；但也可以兼指。各国派使臣，有时只口头指示策略，有时预备下稿子让他带着走。这都是命。使臣受了命，到时候总还得随机应变，自己想说话；因为许多情形是没法预料的。——当时言语，方言之外有"雅言"。"雅言"就是"夏言"，是当时的京话或官话。孔子讲学似乎就用雅言，不用鲁语④。卜、《尚书》和辞命，大概都是历代的雅言。讼辞也许不同些。雅言用的既多，所以每字都能写出，而写出的和说出的雅言，大体

---

① 均见《左传》襄公二十五年。
② 《论语·宪问》。
③ 《论语·先进》。
④ 《论语·述而》："子所雅言：《诗》、《书》、执礼，皆雅言也。"这里用刘宝楠《论语正义》的解释。

上是一致的。孔子说"辞"只要"达"就成①。辞是辞命，"达"是明白，辞多了像背书，少了说不明白，多少要恰如其分②。辞命的重要，代表议论文的发展。

战国时代，游说之风大盛。游士立谈可以取卿相，所以最重说辞。他们的说辞却不像春秋的辞命那样从容宛转了。他们铺张局势，滔滔不绝，真像背书似的；他们的话，像天花乱坠，有时夸饰，有时诡曲，不问是非，只图激动人主的心。那时最重辩。墨子是第一个注意辩论方法的人，他主张"言必有三表"。"三表"是"上本之于古者圣王之事"，"下原察百姓耳目之实"，"废（发）以为刑政，观其中国家百姓人民之利"③；便是三个标准。不过他究竟是个注重功利的人，不大喜欢文饰，"恐人怀其文，忘其'用'"，所以楚王说他"言多不辩"④。——后来有了专以辩论为事的"辩者"，墨家这才更发展了他们的辩论方法，所谓《墨经》便成于那班墨家的手里。——儒家的孟、荀也重辩，孟子说，"予岂好辩哉？予不得已也！"⑤荀子也说，"君子必辩。"⑥这些都是游士的影响。但道家的老、庄，法家的韩非，却不重辩。《老子》里说，"信言不美，美言不信"⑦，"老学"所重的是自然。《庄子》里说，"大

予岂好辩哉？予不得已也：我难道喜欢辩论吗？我是不能不这样啊！

①《论语·卫灵公》："子曰：'辞达而已矣。'"
②《仪礼·聘礼》："辞多则史，少则不达，辞苟足以达，义之至也。"
③《非命》上。
④《韩非子·外储说左上》。
⑤《滕文公》下。
⑥《非相篇》。
⑦ 八十一章。

辩不言"①,"庄学"所要的是神秘。韩非也注重功利,主张以法禁辩,说辩"生于上之不明"②。后来儒家作《易·文言传》,也道:"君子进德修业。忠信,所以进德也;修辞立其诚,所以居业也。"这不但是在暗暗的批评着游士好辩的风气,恐怕还在暗暗的批评着后来称为名家的"辩者"呢。《文言传》旧传是孔子所作,不足信;但这几句话和"辞达"论倒是合拍的。

孔子开了私人讲学的风气,从此也便有了私家的著作。第一种私家著作是《论语》,却不是孔子自作而是他的弟子们记的他的说话。诸子书大概多是弟子们及后学者所记,自作的极少。《论语》以记言为主,所记的多是很简单的。孔子主张"慎言",痛恨"巧言"和"利口";他向弟子们说话,大概是很质直的,弟子们体念他的意思,也只简单的记出。到了墨子和孟子,可就铺排得多。《墨子》大约也是弟子们所记。《孟子》据说是孟子晚年和他的弟子公孙丑、万章等编定的,可也是弟子们记言的体制。那时是个"好辩"的时代。墨子虽不好辩,却也脱不了时代影响。孟子本是个好辩的人。记言体制的恢张,也是自然的趋势。这种记言是直接的对话。由对话而发展为独白,便是"论"。初期的论,言意浑括,《老子》可为代表;后来的《墨经》,《韩非子·储说》的经,《管子》的《经言》,都是这体制。再进一步,便是恢张的论,《庄子·齐物论》等篇以及《荀子》《韩非子》《管子》的一部分,都是的。——群经诸子书里常常夹着一些韵句,大概是为了强调。后世的文也偶尔有这种例子。中国的有韵文和无韵文的界限,是并不怎样严格的。

还有一种"寓言",借着神话或历史故事来抒论。《庄子》多

---

① 《齐物论》。
② 《问辩》。

用神话，《韩非子》多用历史故事；《庄子》有些神仙家言，《韩非子》是继承《庄子》的寓言而加以变化。战国游士的说辞也好用譬喻。譬喻成了风气；这开了后来辞赋的路。论是进步的体制，但还只以篇为单位，"书"的观念还没有。直到《吕氏春秋》，才成了第一部有系统的书①。这部书成于吕不韦的门客之手，有十二纪、八览、六论，共三十多万字。十二代表十二月，八是卦数，六是秦代的圣数；这些数目是本书的间架，是外在的系统，并非逻辑的秩序，汉代刘安主编《淮南子》，才按照逻辑的秩序，结构就严密多了。自从有了私家著作，学术日渐平民化。著作越来越多，流传也越来越广。"雅言"便成了凝定的文体了。后世大体采用，言文渐渐分离。战国末期，"雅言"之外原还有齐语、楚语两种有势力的方言②。但是齐语只在《春秋公羊传》里留下一些，楚语只在屈原"辞"里留下几个助词如"羌""些"等；这些都让"雅言"压倒了。

> 譬喻：找出与要描写的对象有类似特点的来加以比喻说明。

> 《淮南子》：由西汉淮南王刘安主持撰写。原书有内篇二十一卷、外篇三十三卷，存世只有内篇。

伴随着议论文的发展，记事文也有了长足的进步。这里《春秋左氏传》是一座里程碑。在前有分国记言的《国语》，《左传》从它里面取材很多。那是铺排的记言，一面以《尚书》为范本，一面让当时记言体恢

---

① 上节及本节参用傅斯年《战国文籍中之篇式书体》（《中央研究院语言历史研究所集刊》第一本条二分）说。
② 《孟子·滕文公》："有楚大夫于此，欲其子之齐语也，则使齐人傅诸。"楚人要学齐语，可见齐语流行很广。又《韩诗外传》四："然则楚之狂者楚言，齐之狂者齐言，习使然也。""楚言"和"齐言"并举，可见楚言也是很有势力的。

荷花开了银塘悄 清 金农

张的趋势推动着，成了这部书。其中自然免不了记事的文字；《左传》便从这里出发，将那恢张的趋势表现在记事文里。那时游士的说辞也有人分国记载，也是铺排的记言，后来成为《战国策》那部书。《左传》是说明《春秋》的，是中国第一部编年史。它最长于战争的记载；它能够将千头万绪的战事叙得层次分明，它的描写更是栩栩如生。它的记言也异曲同工，不过不算独创罢了。它可还算不得一部有自己的系统的书；它的顺序是依着《春秋》的。《春秋》的编年并不是自觉的系统，而且"断如复断"，也不成一部"书"。

栩栩如生：形容生动逼真，像活的一样。

汉代司马迁的《史记》才是第一部有自己的系统的史书。他创造了"纪传"的体制。他的书包括十二本纪、十表、八书、三十世家、七十列传，共五十多万字。十二是十二月，是地支，十是天干，八是卦数，三十取《老子》"三十辐共一毂"的意思，表示那些"辅弼股肱之臣"，"忠信行道以奉主上"[①]；七十表示人寿之大齐，因为列传是记载人物的。这也是用数目哲学作系统，并非逻辑的秩序，和《吕氏春秋》一样。这部书"厥协六经异传，整齐百家杂语"，以剪裁与组织见长。但是它的文字最大的贡献，还在描写人物。左氏只是描写事，司马迁进一步描写人；写人更需要精细的观察和选择，比较的更难些。班彪论《史记》"善叙事理，辨而不华，质而不野，文质相称"[②]，这是说

辅弼：辅佐协助。

股肱：本来指大腿和胳膊，后用来指得力的辅佐帮手。

---

① 《史记·自序》。
② 《后汉书·班彪传》。

襟怀：胸襟和怀抱，主要指内心格局、气量或抱负。

茅坤：字顺甫，号鹿门，明代散文家、藏书家。茅坤与王慎中、唐顺之、归有光并称"唐宋派"。

司马迁行文委曲自然。他写人也是如此。他又往往即事寓情，低徊不尽；他的悲愤的襟怀，常流露在字里行间。明代茅坤称他"出风入骚"①是不错的。

汉武帝时候，盛行辞赋；后世说"楚辞汉赋"，真的，汉代简直可以说是赋的时代，所有的作家几乎都是赋的作家。赋既有这样压倒的势力，一切的文体，自然都受它的影响。赋的特色是铺张、排偶、用典故。西汉记事记言，都还用散行的文字，语意大抵简明；东汉就在散行里夹排偶，汉魏之际，排偶更甚。西汉的赋，虽用排偶，却还重自然，并不力求工整；东汉到魏，越来越工整，典故也越用越多。西汉普通文字，句子很短，最短有两个字的。东汉的句子，便长起来了，最短的是四个字；魏代更长，往往用上四下六或上六下四的两句以完一意。所谓"骈文"或"骈体"，便这样开始发展。骈体出于辞赋，夹带着不少的抒情的成分；而句读整齐，对偶工丽，可以悦目，声调和谐，又可悦耳，也都助人情韵。因此能够投人所好，成功了不废的体制。

梁昭明太子在《文选》里第一次提出"文"的标准，可以说是骈体发展的指路牌。他不选经子史，也不选"辞"。经太尊，不可选，史"褒贬是非，纪别异同"，不算"文"；子"以立意为宗，不以能文为本"；"辞"是子史的支流，也都不算"文"。他所选的只是"事出于沉思，义归乎翰藻"之作。"事"是"事

---

① 《史记评林》总评。

类"，就是典故；"翰藻"兼指典故和譬喻。典故用得好的，譬喻用得好的，他才选在他的书里。这种作品好像各种乐器，"并为入耳之娱"；好像各种绣衣，"俱为悦目之玩"。这是"文"，和经、子、史及"辞"的作用不同，性质自异。后来梁元帝又说："吟咏风谣，流连哀思者谓之文。""文者，惟须绮縠纷披，宫徵靡曼，唇吻遒会，情灵摇荡。"①这就说，用典故，有对偶、谐声调的抒情作品才叫作"文"呢。这种"文"大体上专指诗赋和骈体而言；但应用的骈体如章奏等，却不算在里头。汉代本已称诗赋为"文"，而以"文辞"或"文章"称记言、记事之作。骈体原也是些记言、记事之作，这时候却被提出一部分来，与诗赋并列在"文"的尊称之下，真是"附庸蔚为大国"了。

　　这时有两种新文体的发展。一是佛典的翻译，一是群经的义疏。佛典翻译从前不是太直，便是太华；太直的不好懂，太华的简直是魏晋人讲老庄之学的文字，不见新义。这些译笔都不能做到"达"的地步。东晋时候，后秦主姚兴聘龟兹僧鸠摩罗什为国师，主持译事。他兼通华语及西域语；所译诸书，一面曲从华语，一面不失本旨。他的译笔可也不完全华化，往往有"天然西域之语趣"②；他介绍的"西域之语趣"是华语所能容纳的，所以觉得"天然"。新文体这样成立在他的手里。但他的翻译虽能"达"，却还不能

---

① 《金楼子·立言篇》。
② 宋赞宁论罗什所译《法华经》语，见《宋高僧传》卷三。

栀子　元　钱选

尽"信";他对原文是不太忠实的。到了唐代的玄奘，更求精确，才能"信""达"兼尽，集佛典翻译的大成。这种新文体一面增扩了国语的词汇，也增扩了国语的句式。词汇的增扩，影响最大而易见，如现在口语里还用着的"因果""忏悔""刹那"等词，便都是佛典的译语。句式的增扩，直接的影响比较小些，但像文言里常用的"所以者何""何以故"等也都是佛典的译语。另一面，这种文体是"组织的，解剖的"①。这直接影响了佛教徒的注疏和"科分"之学②，间接影响了一般解经和讲学的人。

> 刹那：极短的时间；瞬间。

  演释古人的话的有"故""解""传""注"等。用故事来说明或补充原文，叫作"故"。演释原来辞意，叫作"解"。但后来解释字句，也叫作"故"或"解"。"传"，转也，兼有"故""解"的各种意义。如《春秋左氏传》补充故事，兼阐明《春秋》辞意。《公羊传》《穀梁传》只阐明《春秋》辞意——用的是问答式的记言。《易传》推演卦爻辞的意旨，也是铺排的记言。《诗毛氏传》解释字句，并给每篇诗作小序，阐明辞意。"注"原只解释字句，但后来也有推演辞意、补充故事的。用故事来说明或补充原文，以及一般的解释辞意，大抵明白易晓。《春秋》三传和《诗毛氏传》阐明辞意，却是断章取义，甚至断句取义，所以支离破碎，无中生有。注字句的本不该有大出入，但因对于辞意

---

① 梁启超《翻译文学与佛典》六之二。
② 佛教徒注释经典，分析经文的章段，称为"科分"。

的见解不同，去取字义，也有各别的标准。注辞意的出入更大。像王弼注《周易》，实在是发挥老庄的哲学；郭象注《庄子》，更是借了《庄子》发挥他自己的哲学。南北朝人作群经"义疏"，一面便是王弼等人的影响，一面也是翻译文体的间接影响。这称为"义疏"之学。

　　汉晋人作群经的注，注文简括，时代久了，有些便不容易通晓。南北朝人给这些注作解释，也是补充材料，或推演辞意。"义疏"便是这个。无论补充或推演，都得先解剖文义；这种解剖必然的比注文解剖经文更精细一层。这种精细的却不算是破坏的解剖，似乎是佛典翻译的影响。就中推演辞意的有些也只发挥老庄之学，虽然也是无中生有，却能自成片段，便比汉人的支离破碎进步。这是王弼等人的衣钵，也是魏晋以来哲学发展的表现。这是又一种新文体的分化。到了唐修《五经正义》，削去玄谈，力求切实，只以疏明注义为重。解剖字句的功夫，至此而极详。宋人所谓"注疏"的文体，便成立在这时代。后来清代的精详的考证文，就是从这里变化出来的。

　　不过佛典只是佛典，义疏只是义疏，当时没有人将这些当作"文"的。"文"只用来称"沉思翰藻"的作品。但"沉思翰藻"的"文"，渐渐有人嫌"浮""艳"了。"浮"是不直说，不简截说的意思。"艳"正是隋代李谔《上文帝书》中所指斥的："连篇累牍，不出月露之形；积案盈箱，唯是风云之状。"那时北周的苏绰是首先提倡复古的人，李谔等纷纷响应。但是他们都没有找到路子，死板的模仿古人到底是行不通的。

衣钵：本指袈裟和钵盂，后指传承下来的思想、学问等。

唐初，陈子昂提倡改革文体，和者尚少。到了中叶，才有一班人"宪章六艺，能探古人述作之旨"①，而元结、独孤及、梁肃最著。他们作文，主于教化，力避排偶，辞取朴拙。但教化的观念，广泛难以动众，而关于文体，他们不曾积极宣扬，因此未成宗派。开宗派的是韩愈。

韩愈，邓州南阳（今河南南阳）人。唐宪宗时，他做刑部侍郎，因谏迎佛骨被贬；后来官至吏部侍郎，所以称为韩吏部。他很称赞陈子昂、元结复古的功劳，又曾请教过梁肃、独孤及。他的脾气很坏，但提携后进，最是热肠。当时人不愿为师，以避标榜之名；他却不在乎，大收其弟子。他可不愿作章句师，他说师是"传道授业解惑"的②。他实在是以文辞为教的创始者。他所谓"传道"，便是传尧、舜、禹、汤、文、武、周公、孔子、孟子的道；所谓"解惑"，便是排斥佛老。他是以继承孟子自命的；他排佛老，正和孟子的距杨墨一样。当时佛老的势力极大，他敢公然排斥，而且因此触犯了皇帝③。这自然足以惊动一世。他并没有传了什么新的道，却指示了道统，给宋儒开了先路。他的重要的贡献，还在他所提倡的"古文"上。

他说他作文取法《尚书》《春秋》《左传》《周易》《诗经》以及《庄子》、《楚辞》、《史记》、扬雄、司马相如等。《文选》所不收的经子史，他都排进"文"里去。这是一个大改革、大解放。他这样建立起文统来。但他并不死板的复古，而以变古为复古。他说，"惟古于辞必己出，降而不能乃剽贼"④，又说，"惟陈言之务

---

① 李舟《独孤常州集序》。
②《师说》。
③《谏佛骨表》触怒宪宗，被贬为潮州刺史。
④ 樊绍述《墓志铭》。

花鸟　明　边鸾

去，戞戞乎其难哉"[1]；他是在创造新语。他力求以散行的句子换去排偶的句子，句逗总弄得参参差差的。但他有他的标准，那就是"气"。他说，"气盛则言之短长与声之高下者皆宜"[2]；"气"就是自然的语气，也就是自然的音节。他还不能跳出那定体"雅言"的圈子而采用当时的白话；但有意的将白话的自然音节引到文里去，他是第一个人。在这一点上，所谓"古文"也是不"古"的；不过他提出"语气流畅"（气盛）这个标准，却给后进指点了一条明路。他的弟子本就不少，再加上私淑的，都往这条路上走，文体于是乎大变。这实在是新体的"古文"，宋代又称为"散文"——算成立在他的手里。

柳宗元与韩愈，宋代并称；他们是好朋友。柳作文取法《书》《诗》《礼》《春秋》《易》以及《穀梁》《孟》《荀》《庄》《老》《国语》《离骚》《史记》，也将经子史排在"文"里，和韩的文统大同小异。但他不敢为师，"摧陷廓清"的劳绩，比韩差得多。他的学问见解，却在韩之上，并不墨守儒言。他的文深幽精洁，最工游记；他创造了描写景物的新语。韩愈的门下有难易两派。爱易派主张新而不失自然，李翱是代表；爱难派主张新就不妨奇怪，皇甫湜是代表。当时爱难派的流传盛些。他们矫枉过正，语艰意奥，扭曲了自然的语气，自然的音节，僻涩诡异，不易读诵。所以唐末宋初，骈体文又回光返照了一下。雕琢的骈体文

---

[1][2]《答李翊书》。

和僻涩的古文先后盘踞着宋初的文坛。直到欧阳修出来，才又回到韩愈与李翱，走上平正通达的古文的路。

韩愈抗颜为人师而提倡古文，形势比较难；欧阳修居高位而提倡古文，形势比较容易。明代所称唐宋八大家①，韩柳之外，六家都是宋人。欧阳修为首；以下是曾巩、王安石、苏洵和他的儿子苏轼、苏辙。曾巩、苏轼是欧阳修的门生；别的三个也都是他提拔的。他真是当时文坛的盟主。韩愈虽然开了宗派，却不曾有意的立宗派；欧苏是有意的立宗派。他们虽也提倡道，但只促进了并且扩大了古文的发展。欧文主自然。他所作纡徐曲折，而能条达疏畅，无艰难劳苦之态；最以言情见长，评者说是从《史记》脱化而出。曾学问有根柢，他的文确实而谨严；王是政治家，所作以精悍胜人。三苏长于议论，得力于《战国策》《孟子》；而苏轼才气纵横，并得力于《庄子》。他说他的文"随物赋形"，"常行于所当行，常止于不可不止"②；又说他意到笔随，无不尽之处③。这真是自然的极致了。他的文，学的人最多。南宋有"苏文熟，秀才足"的俗谚④，可见影响之大。

欧、苏以后，古文成了正宗。辞赋虽还算在古文里头，可是从辞赋出来的骈体却只拿来作应用文了。骈体声调铿锵，便于宣读，又可铺陈词藻不着边

> 抗颜：比喻严肃正色地对待或处理某事。

> 根柢：草木的根部，比喻根基或底子。

---

① 茅坤有《唐宋八大家文钞》，从此"唐宋八大家"成为定论。
② 《文说》。
③ 何薳《春渚纪闻》中东坡事实。
④ 陆游《老学庵笔记》。

秋花猫蝶　清　恽寿平

际，便于酬酢，作应用文是很相宜的。所以流传到现在，还没有完全死去。但中间却经过了散文化。自从唐代中叶的陆贽开始。他的奏议切实恳挚，绝不浮夸，而且明白晓畅，用笔如舌。唐末骈体的应用文专称"四六"，却更趋雕琢；宋初还是如此。转移风气的也是欧阳修。他多用虚字和长句，使骈体稍稍近于语气之自然。嗣后群起仿效，散文化的骈文竟成了定体了。这也是古文运动的大收获。

> 酬酢：互相饮酒唱和，也指交际应酬。

唐代又有两种新文体发展。一是"语录"，一是"传奇"，都是佛家的影响。语录起于禅宗。禅宗是革命的宗派，他们只说法而不著书。他们大胆的将师父们的话参用当时的口语记下来。后来称这种体制为语录。他们不但用这种体制纪录演讲，还用来通信和讨论。这是新的记言的体制；里面夹杂着"雅言"和译语。宋儒讲学，也采用这种记言的体制，不过不大夹杂译语。宋儒的影响究竟比禅宗大得多，语录体从此便成立了，盛行了。传奇是有结构的小说。从前只有杂录或琐记的小说，有结构的从传奇起头。传奇记述艳情，也记述神怪；但将神怪人情化。这里面描写的人生，并非全是设想，大抵还是以亲切的观察作底子。这开了后来佳人才子和鬼狐仙侠等小说的先路。它的来源一方面是俳谐的辞赋，一方面是翻译的佛典故事；佛典里长短的寓言所给予的暗示最多。当时文士作传奇，原来只是向科举的主考官介绍自己的一种门路。当时应举的人在考试之前，得请达官将自己姓名介绍给主考官；自己再将文章呈给主考官看。先呈正经文

> 俳谐：诙谐幽默。

章，过些时再呈杂文如传奇等，传奇可以见史才、诗、笔、议论，人又爱看，是科举的很好媒介。这样，作者便日渐其多了。

到了宋代，又有"话本"。这是白话小说的老祖宗。话本是"说话"的底本；"说话"略同后来的"说书"，也是佛家的影响。唐代佛家向民众宣讲佛典故事，连说带唱，本子夹杂"雅言"和口语，叫作"变文"；"变文"后来也有说唱历史故事及社会故事的。"变文"便是"说话"的源头；"说话"里也还有演说佛典这一派。"说话"是平民的艺术；宋仁宗很爱听，以后便成为专业，大流行起来了。这里面有说历史故事的，有说神怪故事的，有说社会故事的。"说话"渐渐发展，本来由一个或几个同类而不相关联的短故事，引出一个同类而不相关联的长故事的，后来却能将许多关联的故事组织起来，分为"章回"了。这是体制上一个大进步。

话本留存到现在的已经很少，但还足以见出后世的几部小说名著，如元罗贯中的《三国演义》，明施耐庵的《水浒传》，吴承恩的《西游记》，都是从话本演化出来的；不过这些已是文人的作品，而不是话本了。就中《三国演义》还夹杂着"雅言"，《水浒传》和《西游记》便都是白话了。这里除《西游记》以设想为主外，别的都可以说是写实的。这种写实的作风在清代曹雪芹的《红楼梦》里得着充分的发展。《三国演义》等书里的故事虽然是关联的，却不是连贯的。到了《红楼梦》，组织才更严密了；全书只是一个家庭的故事。虽然包罗万有，而能"一以贯之"。这不

竹溪图 清 恽寿平

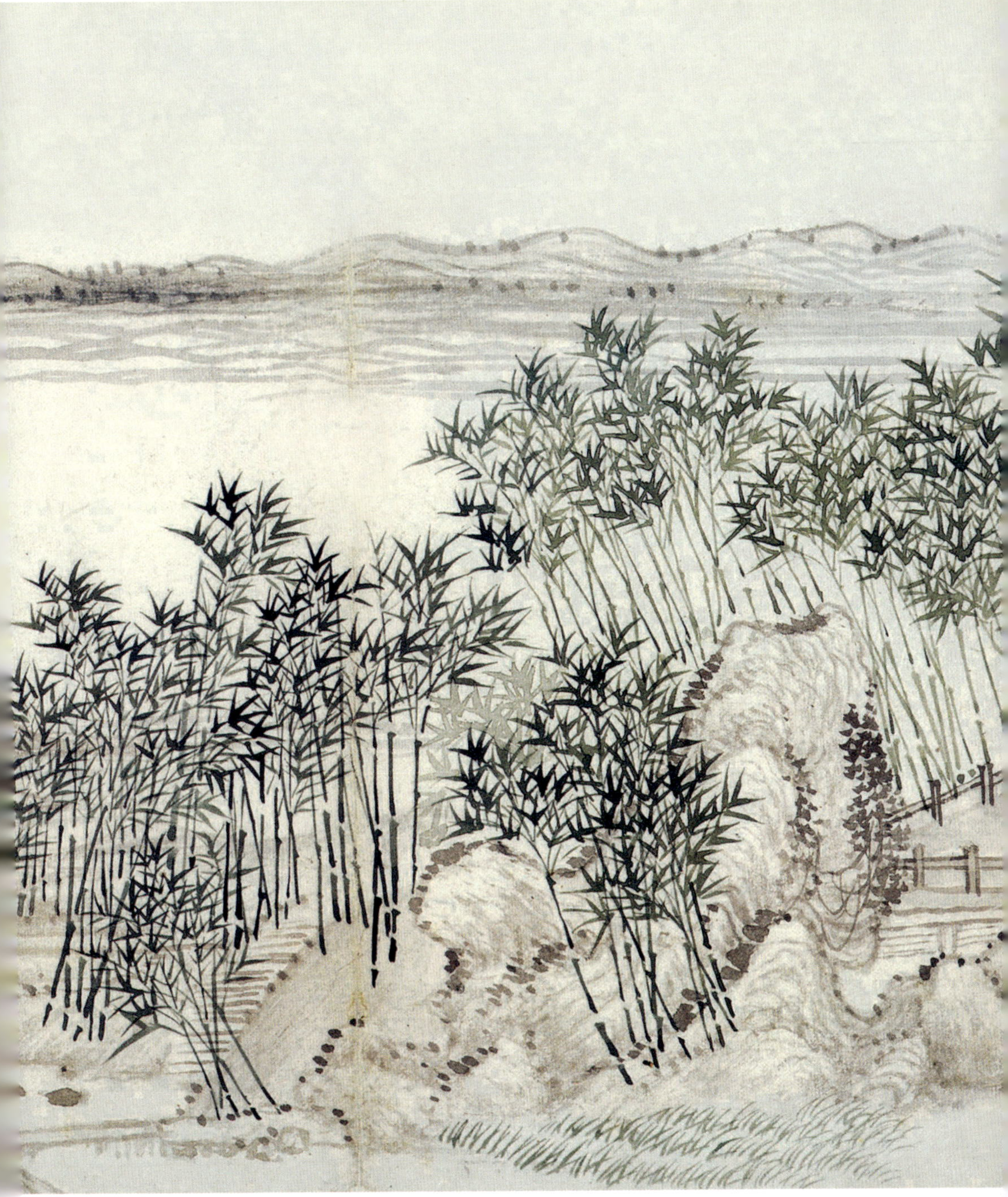

但是章回小说，而且是近代所谓"长篇小说"了。白话小说到此大成。

明代用八股文取士，一般文人都镂心刻骨的去简炼揣摩，所以极一代之盛。"股"是排偶的意思；这种体制，中间有八排文字互为对偶，所以有此称。——自然也有变化，不过"八股"可以说是一般的标准。——又称为"四书文"，因为考试里最重要的文字，题目都出在"四书"里。又称为"制艺"，因为这是朝廷法定的体制。又称为"时文"，是对古文而言。八股文也是推演经典辞意的；它的来源，往远处说，可以说是南北朝义疏之学，往近处说，便是宋元两代的经义。但它的格律，却是从"四六"演化的。宋代定经义为考试科目，是王安石的创制；当时限用他的群经"新义"，用别说的不录，元代考试，限于"四书"，规定用朱子的章句和集注。明代制度，主要的部分也是如此。

经义的格式，宋末似乎已有规定的标准，元明两代大体上递相承袭。但明代有两种大变化：一是排偶，一是代古人语气。因为排偶，所以讲究声调。因为代古人语气，便要描写口吻；圣贤要像圣贤口吻，小人要像小人的。这是八股文的仅有的本领，大概是小说和戏曲的不自觉的影响。八股文格律定得那样严，所以得简炼揣摩，一心用在技巧上。除了口吻、技巧和声调之外，八股文里是空洞无物的。而因为那样难，一般作者大都只能套套滥调，那真是"每下愈况"了。这原是君主牢笼士人的玩意儿，但它的影响极大；明

镂心刻骨：比喻苦心思索。

清两代的古文大家几乎没有一个不是八股文出身的。

　　清代中叶,古文有桐城派,便是八股文的影响。诗文作家自己标榜宗派,在前只有江西诗派,在后只有桐城文派。桐城派的势力,绵延了二百多年,直到民国初期还残留着;这是江西派比不上的。桐城派的开山祖师方苞,而姚鼐集其大成。他们都是安徽桐城人,当时有"天下文章在桐城"的话①,所以称为桐城派。方苞是八股文大家。他提倡归有光的文章,归也是明代八股文兼古文大家。方是第一个提倡"义法"的人。他论古文以为"六经"和《论语》《孟子》是根源,得其支流而义法最精的是《左传》《史记》;其次是《公羊传》《穀梁传》《国语》《国策》,两汉的书和疏,唐宋八家文②——再下怕就要数到归有光了。这是他的,也是桐城派的文统论。"义"是用意,是层次;"法"是求雅、求洁的条目。雅是纯正不杂,如不可用语录中语、骈文中丽语、汉赋中板重字法、诗歌中俊语,"南北史"中佻巧语以及佛家语。后来姚鼐又加上注疏语和尺牍语,洁是简省字句。这些"法"其实都是从八股文的格律引申出来的。方苞论文,也讲"阐道"③;他是信程、朱之学的,不过所入深罢了。

　　方苞受八股文的束缚太甚,他学得的只是《史记》、欧、曾、归的一部分,只是严整而不雄浑,又缺乏情韵。姚鼐所取法的还是这几家,虽然也不雄浑,却能"迂回荡漾,余味曲包"④,这是他的新境界。《史记》本多含情不尽之处,所谓远神的。欧文颇得此味,归更向这方面发展——最善述哀,姚简直用全力揣摩。他的

---

① 周书昌语,见姚鼐《刘海峰先生八十寿序》。
②《古文约选·序例》。
③ 见雷铱《卜书》。
④ 吕璜纂《吴德旋初月楼古文绪论》。

老师刘大櫆指出作文当讲究音节,音节是神气的迹象,可以从字句下手①。姚鼐得了这点启示,便从音节上用力,去求得那绵邈的情韵。他的文真是所谓"阴与柔之美"②。他最主张诵读,又最讲究虚助字,都是为此。但这分明是八股文讲究声调的转变。刘是雍正副榜,姚是乾隆进士,都是用功八股文的。当时汉学家提倡考据,不免繁琐的毛病。姚鼐因此主张义理、考据、词章三端相济,偏废的就是"陋"儒③。但他的义理不深,考据多误,所有的还只是词章本领。他选了《古文辞类纂》;序里虽提到"道",书却只成为古文的典范。书中也不选经子史;经也因为太尊,子史却因为太多。书中也选辞赋。这部选本是桐城派的经典,学文的必由于此,也只须由于此。方苞评归有光的文庶几"有序",但"有物之言"太少④。曾国藩评姚鼐也说一样的话,其实桐城派都是如此。攻击桐城派的人说他们空疏浮浅,说他们范围太窄,全不错;但他们组织的技巧,言情的技巧,也是不可抹杀的。

　　姚鼐以后,桐城派因为路太窄,渐有中衰之势。这时候仪征阮元提倡骈文正统论。他以《文选序》和南北朝"文""笔"的分别为根据,又扯上传为孔子作的《易·文言传》。他说用韵用偶的才是文,散行的只是笔,或是"直言"的"言","论难"的"语"⑤。

---

① 刘大櫆《论文偶记》。
② 姚鼐《复鲁絜非书》。
③ 《述庵文钞序》,又《复秦小岘书》。
④ 《书震川文集后》。
⑤ 根据《说文》言部。

《古文辞类纂》:清代姚鼐所编一部古文总集,体现桐城派的主张,是一部具有重要影响的古文选本。共选录作品七百余篇,分成十三类,每篇文章都加以校勘和点评。

庶几:差不多,近似。

古文以立意、记事为宗，是子、史正流，终究与文章有别。《文言传》多韵语、偶语，所以孔子才题为"文"言。阮元所谓韵，兼指句末的韵与句中的"和"而言①。原来南北朝所谓"文""笔"，本有两义："有韵为文，无韵为笔"，是当时的常言②。——韵只是句末韵。阮元根据此语，却将"和"也算是韵，这是曲解一。梁元帝说有对偶、谐声调的抒情作品是文，骈体的章奏与散体的著述都是笔③。阮元却只以散体为笔，这是曲解二。至于《文言传》，固然称"文"，却也称"言"，况且也非孔子所作——这更是傅会了。他的主张虽然也有一些响应的人，但是不成宗派。

曾国藩出来，中兴了桐城派。那时候一般士人，只知作八股文；另一面汉学宋学的门户之争，却越来越利害，各走偏锋。曾国藩为补偏救弊起见，便就姚鼐义理、考据、词章三端相济之说加以发扬光大。他反对当时一般考证文的芜杂琐碎，也反对当时崇道贬文的议论，以为要明先王之道，非精研文字不可；各家著述的见道多寡，也当以他们的文为衡量的标准。桐城文的病在弱在窄，他却能以深博的学问、弘通的见识、雄直的气势，使它起死回生。他才真回到韩愈，而且胜过韩愈。他选了《经史百家杂钞》，将经史子也收入选本里，让学者知道古文的源流，文统的一贯，眼光便比姚鼐远大得多。他的幕僚和弟子极众，真是

《经史百家杂钞》：清曾国藩编，二十六卷。与姚鼐《古文辞类纂》同为著名的古文选本，分十一类，每类以六经冠其首。

① 阮元《文言说》及《与友人论古文书》。
② 《文心雕龙·总术》。
③ 《金楼子》立言篇。

登高一呼,群山四应。这样延长了桐城派的寿命几十年。

但"古文不宜说理"①,从韩愈就如此。曾国藩的力量究竟也没有能够补救这个缺陷于一千年之后。而海通以来,世变日亟,事理的繁复,有些决非古文所能表现。因此聪明才智之士渐渐打破古文的格律,放手作去。到了清末,梁启超先生的"新文体"可算登峰造极。他的文"时杂以俚语、韵语及外国语法,纵笔所至不检束,学者竞效之"。而"条理明晰,笔锋常带情感,对于读者,别有一种魔力"。②但这种"魔力"也不能持久;中国的变化实在太快,这种"新文体"又不够用了。胡适之先生和他的朋友们这才起来提倡白话文,经过"五四运动",白话文是畅行了。这似乎又回古代言文合一的路。然而不然。这时代是第二回翻译的大时代。白话文不但不全跟着国语的口语走,也不全跟着传统的白话走,却有意的跟着翻译的白话走。这是白话文的现代化,也就是国语的现代化。中国一切都在现代化的过程中,语言的现代化也是自然的趋势,并不足怪的。

世变日亟:世事的变化一天比一天急迫。

白话文:又称语体文,是指以现代汉语为基础的书面语。

言文合一:书面语和口语一致。

---

① 曾国藩《复吴南屏书》:"仆尝谓古文之道,无施不可,但不宜说理耳。"
② 梁启超《清代学术概论》。

花卉十开 清 项圣谟

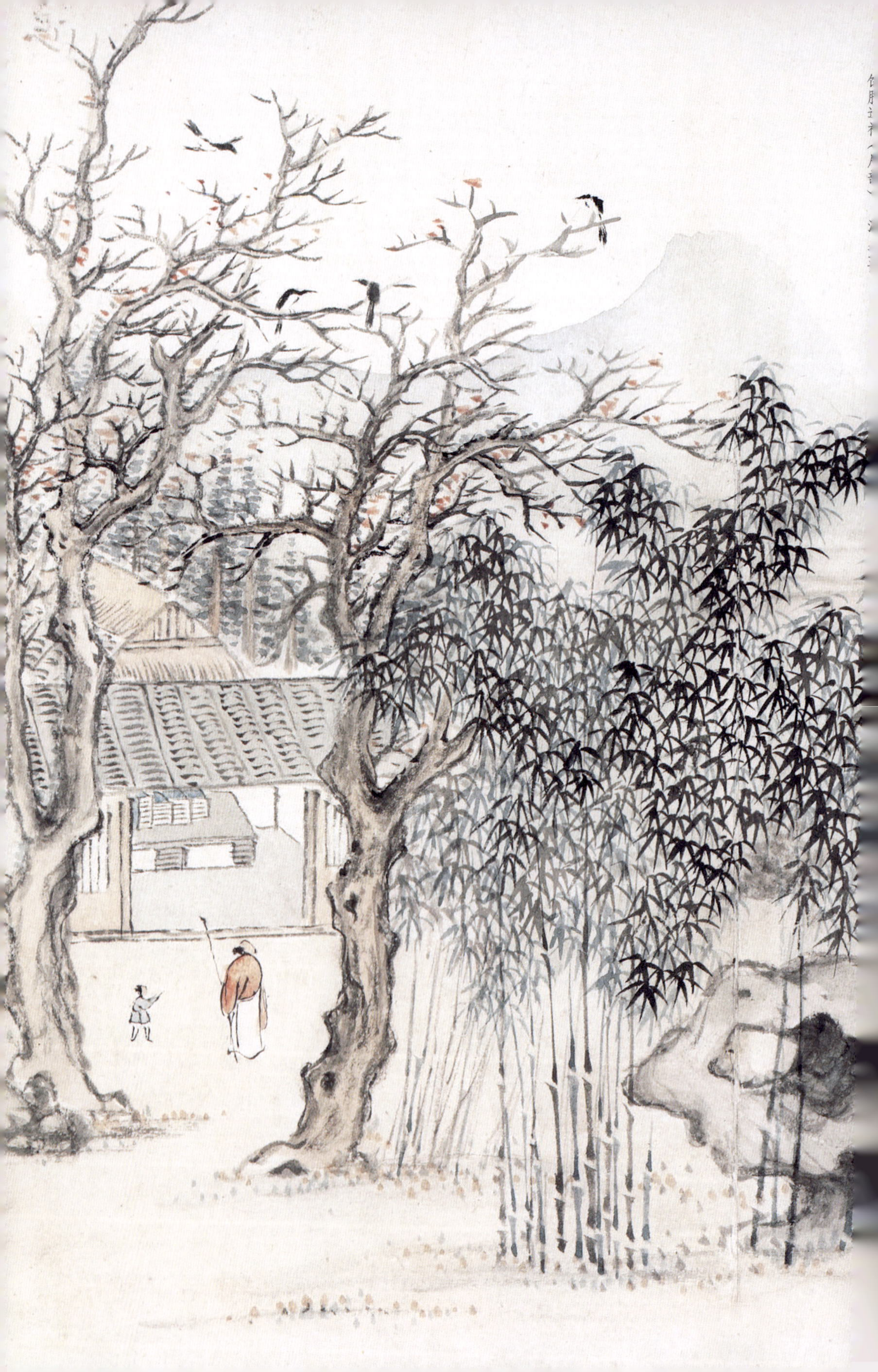

附录

名师读解

# 《说文解字》第一

## 章节梳理

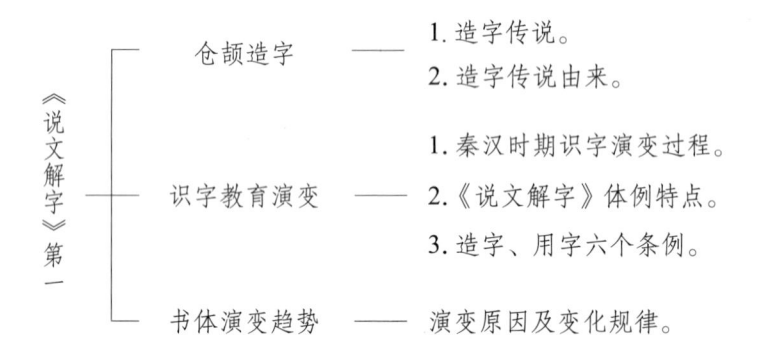

```
                ┌─ 仓颉造字 ────── 1. 造字传说。
                │                 2. 造字传说由来。
《说文解字》    │                 1. 秦汉时期识字演变过程。
    第一        ├─ 识字教育演变 ── 2.《说文解字》体例特点。
                │                 3. 造字、用字六个条例。
                └─ 书体演变趋势 ── 演变原因及变化规律。
```

## 知识拾补

《说文解字》是最早的按部首编排的汉语字典。全书共分 540 个部首，收字 9353 个，另有古文、籀文等"重文"（即异体字）1163 个，共 10516 字。《说文解字》是科学文字学和文献语言学的奠基之作，在中国语言学史上有重要的地位。许慎将历史经典和别的字书里的字，都搜罗到这部书里，收录了大量小篆和晚周文字，可以追溯文字的源与流。历代许多学者对于《说文解字》都有研究，清朝时研究最为兴盛。段玉裁的《说文解字注》、朱骏声的《说文通训定声》、桂馥的《说文解字义证》、王筠的《说文释例》《说文句读》尤备推崇，四人也被尊为"说文四大家"。

## 研讨与思考

1. 作者为何把《说文解字》定为《经典常谈》的第一篇，请具体分析。

答：《说文解字》列为《经典常谈》第一篇，彰显的是文字功底是解析经典基础。朱自清说："《说文解字》是文字学的古典，又是一切古典的工具或门径。"作为工具和门径，练就过硬的文字解析能力"首在必行"。

2. 作者行文中不断引入相关文献资料，这些资料对于经典阐释有何作用？请举例分析。

答：作者解析"仓颉造字说"是有一定的历史依据，特别是举《荀子·解蔽篇》及近人关于"商契"的解说，都对这一传说做了考证工作，增添了信服力。

3. 班级开展"读经典的意义"主题探究活动，请你结合本篇，说说中学生阅读《说文解字》的意义。

答：比如可以从《说文解字》中了解汉字的造字法和每个字的造字本义。

## 阅后微思

《说文解字》作为工具书，对于汉字的起源、构造、义理均有所涉猎，并进行了较为详尽的注释和阐述，对于青少年认识汉字的形体、音韵、训诂都有很好的引领作用，可以深入探寻汉字的发源及演变的规律，准确地把握字形字义。此外对于汉字的义理、用法及典故来历也可以有一番考察，增强对传统文字学的了解和认识，有助于对汉字的文化内涵和象征意义进行深入考究。《说文解字》即是工具，又是一部具有智慧和底蕴的著作，不管是对于汉字学习，还是对传统文化学习都是典范之作，值得我们好好领略和深入研究。

# 《周易》第二

**章节梳理**

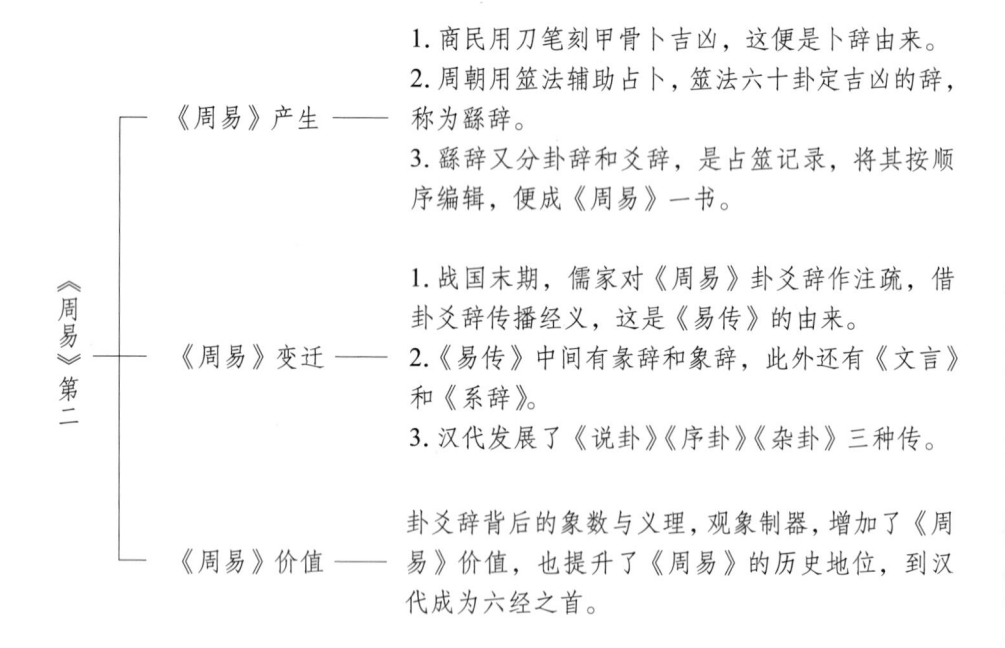

《周易》第二
- 《周易》产生
  1. 商民用刀笔刻甲骨卜吉凶，这便是卜辞由来。
  2. 周朝用筮法辅助占卜，筮法六十卦定吉凶的辞，称为繇辞。
  3. 繇辞又分卦辞和爻辞，是占筮记录，将其按顺序编辑，便成《周易》一书。
- 《周易》变迁
  1. 战国末期，儒家对《周易》卦爻辞作注疏，借卦爻辞传播经义，这是《易传》的由来。
  2. 《易传》中间有象辞和彖辞，此外还有《文言》和《系辞》。
  3. 汉代发展了《说卦》《序卦》《杂卦》三种传。
- 《周易》价值 —— 卦爻辞背后的象数与义理，观象制器，增加了《周易》价值，也提升了《周易》的历史地位，到汉代成为六经之首。

**知识拾补**

《周易》是传统经典之一，内容包括《经》和《传》两个部分。《经》主要是六十四卦和三百八十四爻，卦和爻各有说明（卦辞、爻辞），作为占卜之用。《传》

包含解释卦辞和爻辞的七种文辞共十篇，统称《十翼》，相传为孔子所撰。春秋时期，官学开始逐渐演变为民间私学。易学前后相因，递变发展，百家之学兴，易学乃随之发生分化。自孔子赞易以后，《周易》被儒门奉为儒门圣典，六经之首。

## 研讨与思考

**简述《周易》成书历程。**

答：商民用甲骨卜吉凶，然后便将卜的人、卜的日子、卜的问句等用刀笔刻在甲骨上，这便是卜辞。周朝用筮法辅助卜法，筮法里六十四卦，一卦有六画，每画叫作一爻。断定吉凶的辞，原叫作繇辞，"繇"是抽出来的意思。繇辞有属于卦的总体的，有属于各爻的；所以后来分称为卦辞和爻辞。这种卦爻辞也是卜筮官的占筮纪录，卜筮官将卦爻辞按着卦爻的顺序编辑起来，便成了《周易》这部书。

## 阅后微思

《周易》作为儒家经典的第一部，起源于巫术，在战国末期经儒家种种解释下，有了更多伦理和哲学的意味，被奉为儒家经典。而到了汉代，随着儒家的推崇，成为六经之首。《周易》是中国古代儒道经典，被誉为"群经之首"，是我国一部古老的经典名著，是中华民族聪明智慧的结晶，是关于人类思想和宇宙本质规律的学问。在本篇中，朱先生并没有把重点放在对《周易》内容的介绍上，而是追溯了《周易》的起源，梳理了《周易》的发展，可以说跳出了《周易》，高屋建瓴。作为"群经之首""大道之源"的中华元典，自汉代以来，就有众多学者耗尽心血守护着它，从而维系了两千年。《周易》启迪"为往圣继绝学"的信念，与时偕行，洞悉智慧，梳理、灌溉、延续了中华文化的主脉，让经典国学文化历久弥新、长盛不衰！

# 《尚书》第三

## 章节梳理

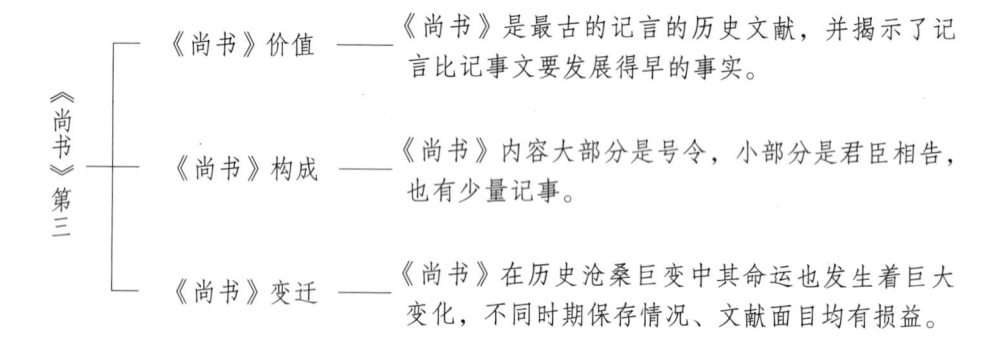

《尚书》第三
- 《尚书》价值 —— 《尚书》是最古的记言的历史文献,并揭示了记言比记事文要发展得早的事实。
- 《尚书》构成 —— 《尚书》内容大部分是号令,小部分是君臣相告,也有少量记事。
- 《尚书》变迁 —— 《尚书》在历史沧桑巨变中其命运也发生着巨大变化,不同时期保存情况、文献面目均有损益。

## 知识拾补

《尚书》是中国最早的记言历史,背后的古今之争曲折动人。《尚书》几乎失传,幸亏多位贤人补注,至今仍有所留。《尚书》是重要的儒家经典书籍,"尚"即"上",《尚书》就是上古的书,是中国上古历史文献和部分追述古代事迹著作的汇编,也是我国最早的一部历史文献汇编。东汉王充《论衡·正说》中说:"《尚书》者,以为上古帝王之书。或以为上所为,下所书。"《尚书》是中国最早的政令文献汇编,也是一部体例比较完备的公文总集,值得青少年好好揣摩。

## 研讨与思考

简述《尚书》发展历程。

答：秦始皇焚书，伏生私藏《尚书》，仅存二十九篇。汉文帝时，《尚书》得以流传开来，这就是西汉以来的《今尚书》或《今文尚书》。汉景帝时，从孔子旧居中发掘出一些古文经传，孔子后人孔安国整理后，便成《古文尚书》。汉哀帝时刘歆欲立《古文尚书》博士，引起今古文之争。后来张霸、王肃伪作《古文尚书》，王肃伪作直到清代才被证伪。

## 阅后微思

孔子曰："不学《诗》，无以言，不学《礼》，无以立。"还可以补上一句，"不学《书》，无以成文"。《尚书》作为上古文献，记载了大量古代事迹，踵武前贤，赓续文脉，用文字记录历史，让时代有了回响，其真实记录的风格、洗练自如的文笔，足以影响后世的文风文韵，让上古时期的先人留下了清晰的印记。前事之不忘，后世之可鉴也。《尚书》不仅是内容上有了前圣先人的历史足迹，而且在形式上也开创了后代文学、历史创作的叙事风范。

# 《诗经》第四

**章节梳理**

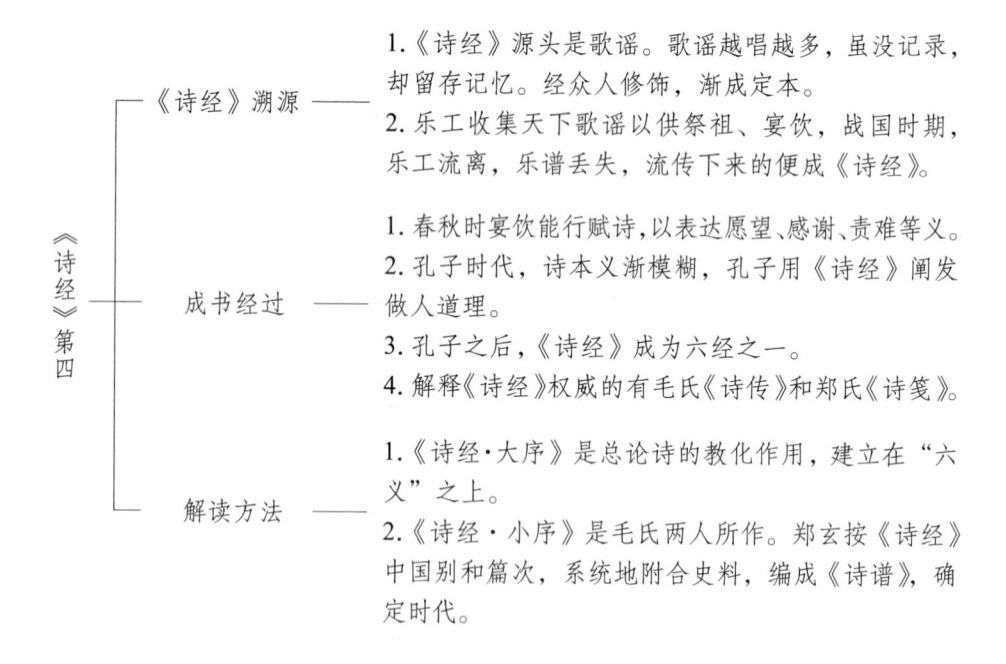

《诗经》第四
- 《诗经》溯源
  1. 《诗经》源头是歌谣。歌谣越唱越多，虽没记录，却留存记忆。经众人修饰，渐成定本。
  2. 乐工收集天下歌谣以供祭祖、宴饮，战国时期，乐工流离，乐谱丢失，流传下来的便成《诗经》。
- 成书经过
  1. 春秋时宴饮能行赋诗，以表达愿望、感谢、责难等义。
  2. 孔子时代，诗本义渐模糊，孔子用《诗经》阐发做人道理。
  3. 孔子之后，《诗经》成为六经之一。
  4. 解释《诗经》权威的有毛氏《诗传》和郑氏《诗笺》。
- 解读方法
  1. 《诗经·大序》是总论诗的教化作用，建立在"六义"之上。
  2. 《诗经·小序》是毛氏两人所作。郑玄按《诗经》中国别和篇次，系统地附合史料，编成《诗谱》，确定时代。

**知识拾补**

《诗经》来源：《诗经》采集有"献诗"和"采诗"两种说法。"献诗"是周王朝在政治生活中，有要求献诗的制度，《国语·周语上》说"天子听政，使公卿至于列士献诗"。献诗的目的是观民风。采诗之说，始于汉人，班固"古有采诗之官，王者所以观民俗，知得失，自考正也""以采诗，献之于太师，比其音律，以闻于天子"。收集诗歌主要是用于祭祀或宴享等礼俗活动，后亦用于娱乐或政治目的。

《诗经》"风雅"传统及后世影响：《诗经》中"风雅"指执着于人生，立足于现实的诗歌内容，也指委婉迂曲、温柔敦厚的诗歌风格。司马迁在《史记》中说："国风好色而不淫，小雅怨诽而不乱。"追求即事抒情，诗以言志。鼓励积极处世，感于哀乐，缘事而发，影响后世文人兴观群怨的传统。李白"大雅久不作，吾衰竟谁陈"，杜甫"别裁伪体亲风雅"，都可看作是风雅传统的进一步发挥。

## 研讨与思考

1. 简析阅读《诗经》的意义与价值。

答：《诗经》是中国第一部诗歌总集，是国人诗歌的启蒙，因此深入阅读《诗经》，不仅可以了解先秦人们的生活，从中感悟人生的道理，还可以欣赏其语言美，学习赋、比、兴的表现手法。

2. 结合文本概括《诗经》发展历程。

答：（1）春秋时宴饮通行赋诗，都从诗篇里断章取义，表示这国对那国或这人对那人的愿望、感谢、责难等等。（2）孔子时代，诗篇的本义渐渐模糊，于是孔子用《诗》来讨论做学问做人的道理；孔子以后，《诗》成为儒家的六经之一，《庄子》和《荀子》都说到"诗言志"，"志"便指教化而言。（3）解释《诗经》最有权威的是毛氏《诗传》和郑玄《诗笺》，差不多全是断章取义，甚至断句取义。

## 阅后微思

《诗经》的源头原本只是表达情感的歌谣，"诗言志"其实只是儒家"为我所用"理论下对诗经的一种解读。对于《诗经》的作用，孔子说："《诗》，可以兴，可以观，可以群，可以怨。迩之事父，远之事君。多识于鸟兽草木之名。"也就是说，诗经可以激发心志，可以提高观察力，可以培养群体观念，可以学得讽刺方法。近则可以用其中的道理来侍奉父母，远可以用来侍奉君主。还可以多认识鸟兽草木的名称。

# "三礼"第五

## 章节梳理

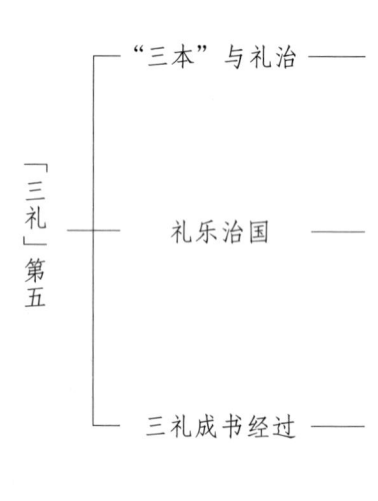

"三礼"第五
- "三本"与礼治
  - 1. 天地代表生命的本源。亲是祖先,而祖先是家族的本源。君师是政教的本源,人情不能忘本,以上合称"三本"。
  - 2. 礼治包括政治制度、宗教仪式及风俗习惯。
- 礼乐治国
  - 1. 乐是礼的一部分。
  - 2. 乐包括歌和舞。
  - 3. 乐声的绵延暗含"流而不息,合同而代",称为乐本。
- 三礼成书经过
  - 1. 汉代有三种经和多篇记。
  - 2.《礼记》是儒家杂述礼制及变迁的历史,或礼论之作。
  - 3.《礼记》是一个广泛的名称,流传至今有大、小戴之分。

## 知识拾补

《礼记》注疏变迁:《礼》为六经之一,但文字古奥难解,主要记载周代的冠、婚、丧、祭诸礼的礼法。受体例所限,没有进行"礼义"的疏解,在后代的习礼过程中,撰写了大量的阐发经义的著作，总称为记，属于《仪礼》的注解和疏传。到了东汉有戴德的《大戴礼记》和戴圣的《小戴礼记》。《大戴礼记》亡佚较多，《小戴礼记》因郑玄作注而大行于天下，后世径称为《礼记》。

## 研讨与思考

请简述《礼》的发展历程。

答：(1)关于礼，汉代学者所传习的有三种经和无数的"记"。那三种经是《仪礼》《礼古经》《周礼》。《礼古经》已亡佚，《仪礼》大约是当时实施的礼制，《周礼》则是一套理想的政治制度。(2)《礼记》是儒家杂述礼制、礼制变迁的历史，或礼论之作。《礼记》是一个广泛的名称，这些"记"里包含着《礼古经》的一部分。汉代流传到现在的只有《大戴记》和《小戴记》。后世所称《礼记》，多半专指《小戴记》。大戴是戴德；小戴是戴圣。

## 阅后微思

《礼记》是一部关于礼学和礼文化的儒家经典。儒家有用"礼"来包罗万象的野心，认为"礼"是治乱的根本。儒家所称道的礼，包括政治制度、宗教仪式、社会风俗等，却都加以合理的解释。拿礼来实现其包罗万象的政治和社会管理。他们认为礼是治乱的根本，这种思想叫作礼治主义。社会情形变了，人变了，礼却没有变。儒家所说的"王道不外乎人情"，是他们的理想；过分抬高社会理想，强调社会功能，使所要求的标准超出一般人性人情，就成了伪礼。大家攻击的，就是伪礼，比如"礼教是吃人的"。

# "春秋三传"第六(国语附)

## 章节梳理

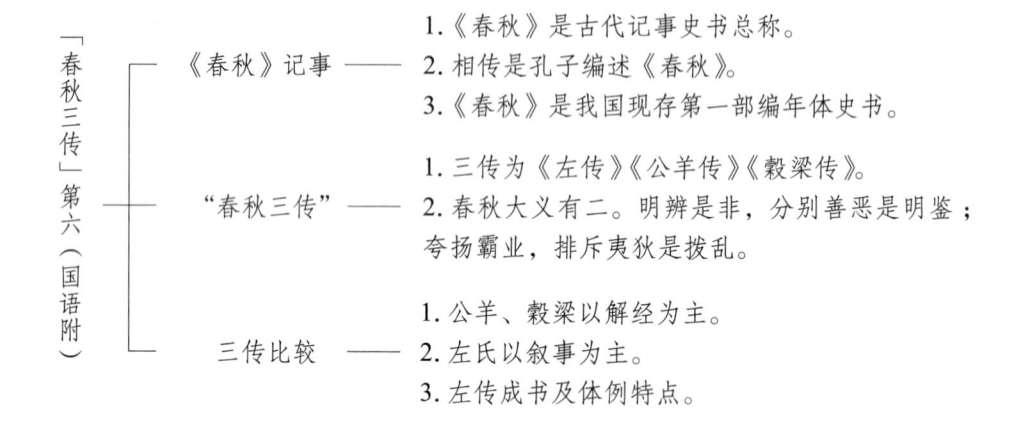

「春秋三传」第六(国语附)
- 《春秋》记事
  1. 《春秋》是古代记事史书总称。
  2. 相传是孔子编述《春秋》。
  3. 《春秋》是我国现存第一部编年体史书。
- "春秋三传"
  1. 三传为《左传》《公羊传》《穀梁传》。
  2. 春秋大义有二。明辨是非,分别善恶是明鉴;夸扬霸业,排斥夷狄是拨乱。
- 三传比较
  1. 公羊、穀梁以解经为主。
  2. 左氏以叙事为主。
  3. 左传成书及体例特点。

## 知识拾补

《左传》叙事特点:《左传》为先秦散文"叙事之最",标志着叙事散文的成熟。

特点一是其情节结构多以时间顺序交代事件发生、发展和结果的全过程。倒叙和预叙手法运用也是其重要特色。如"宣公三年"先写郑穆公之死,然后回顾他的出生及成长。预叙即预先叙出将要发生的事,或预见事件的结果,如秦晋崤之战,蹇叔预见秦师伐郑的战败结局。

特点二是以第三人称作为叙事角度,多以旁观者的立场叙事及发表评论,视角丰富，有时在叙事中或叙事结束后直接引入议论，以"君子曰"等对事件或人物做出道德评判。

特点三是叙事往往注重完整叙述事件的过程和因果关系，对事件因果关系的叙述还常有道德与神秘化的特点。

特点四是描写战争不局限于交战过程而重在揭示战争的起因、酝酿过程及后续影响。在叙述战斗过程中也往往曲折通幽，摇曳生姿，生动逼真，细节描写功力不浅。对于历史细节擅于发挥想象力，"脑补"了不少历史情节的缺漏处。

特点五是叙事戏剧冲突强，故事一波三折。善于在富有火药味的冲突中叙写人物，或添枝，或加叶，使戏份十足，富有"看头"。

特点六是广泛描定了各种人物，许多人物富有个性特征。人物的言行散记在各个阶段，需把各处人物描写集中起来才能看清一个完整的人物形象。

《左传》语言特色：首先，《左传》叙事生动简练，语言上大多是行人应答和大夫的辞令，记言文字大多文典质美，语博义奥，简练传神。如僖公三年"烛之武退秦师"中的说辞，令人拍案叫绝。其次，《左传》言简而意赅，词约而义丰。刘知幾在《史通》中评价《左传》语言："言近而旨远，辞浅而义深，虽发语已殚，而含意未尽，使夫读者望表而知里，扪毛而辨骨，睹一事于句中，反三隅于字外。"

## 研讨与思考

**请简述《春秋》的大义。**

答：《春秋》大义可以从两方面说，其一，明辨是非，分别善恶，提倡德义，从成败里见教训；其二，夸扬霸业，推尊周室，亲爱中国，排斥夷狄，实现民族大一统的理想。

## 阅后微思

《春秋》的编年是史学的伟大发明，有"孔子修《春秋》，乱臣贼子惧"的说法。"春秋"是古代记事史书的通称，是因为古代朝廷大事，多在春、秋二季举行。而作为五经之一的《春秋》，相传是孔子修订的《鲁春秋》。古代史官记事，有两种目的：一是征实，二是劝惩。《左传》《公羊传》《穀梁传》三传特别注重《春秋》的劝惩作用；征实与否，倒在其次。

# "四书"第七

**章节梳理**

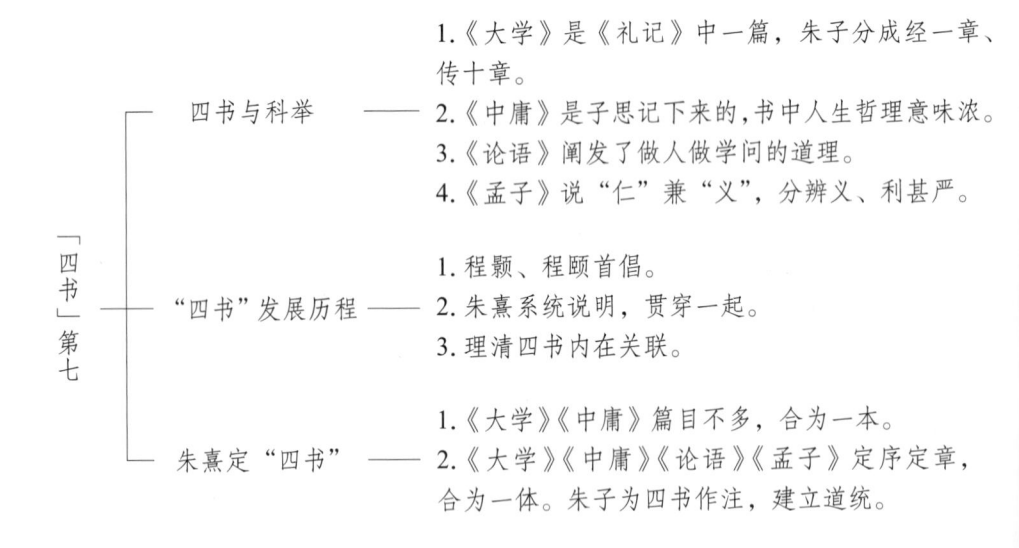

「四书」第七
├── 四书与科举 ─── 1.《大学》是《礼记》中一篇，朱子分成经一章、传十章。
│　　　　　　　　　2.《中庸》是子思记下来的，书中人生哲理意味浓。
│　　　　　　　　　3.《论语》阐发了做人做学问的道理。
│　　　　　　　　　4.《孟子》说"仁"兼"义"，分辨义、利甚严。
│
├── "四书"发展历程 ─ 1. 程颢、程颐首倡。
│　　　　　　　　　　2. 朱熹系统说明，贯穿一起。
│　　　　　　　　　　3. 理清四书内在关联。
│
└── 朱熹定"四书" ── 1.《大学》《中庸》篇目不多，合为一本。
　　　　　　　　　　2.《大学》《中庸》《论语》《孟子》定序定章，合为一体。朱子为四书作注，建立道统。

**知识拾补**

朱熹与"四书"章句集注：朱熹在给《大学》《中庸》作注的时候，把《大学》的顺序进行了颠倒，把《中庸》的章节也重新做了章节的划分，所以，这两本书的注，称为《大学章句》《中庸章句》。《论语》《孟子》的注,是融合各家而成,所以称为《论语集注》《孟子集注》。朱熹在注疏"四书"的过程中,既有对名物典故的考订,又有对义理的阐幽发微,是宋人注疏、诠释"四书"的集大成者,影响后世甚远。钱穆说中国文化史上有两位圣人对后世影响甚巨,一位是孔子,一位是朱子。朱子穷其一生为"四书"作注,用功甚勤,笔耕不辍,毕力钻研,直至临终前一日还在修改《大学·诚意章》。朱子以训诂为主,以疏通文意为辅,先立乎其大者,又能以学养、智慧进行精雕细镂,慢研深磨,对其中经义进行深耕细作,格物以致知,穷通以明理。

## 研讨与思考

请简述"四书"的内容及构成。

答:"四书"包括《大学》《中庸》《论语》《孟子》。《礼记》里的《大学》一篇,朱子给分成经一章,传十章,传是解释经的。这是古来大学里教学生的方法,循序渐进地阐述了格物、致知、诚意、正心、修身、齐家、治国、平天下的人生奋斗理念。《中庸》是传授心法的书,是子思记下来的,书中人生哲理意味深长。"'不偏'叫作'中','不易'叫作'庸';'中'是天下的正道,'庸'是天下的定理。"《论语》是孔子弟子们记述的。这部书不但显示了一个伟大的人格——孔子,并且让读者学习许多做学问做人的道理,如"君子""仁"都是可以终身应用的。《孟子》据说是孟子本人和弟子公孙丑、万章等共同编定的。书中说"仁"兼说"义",分辨"义""利"甚严;而辩"性善",影响更大。

## 阅后微思

对于"四书"的读法,可以取朱子所言:"某要人先读《大学》,以定其规模;次读《论语》,以立其根本;次读《孟子》,以观其发越;次读《中庸》,以求古人之微妙处。"朱子的读法是循序渐过,浅而至深。读经典,要以心契心,心领而神会,要做到知行合一,学以致用。在实践中去践行儒家经义,把书本知识和实践本领结合起来,让书籍活跃起来;在实践中去检验经典奥义的精妙处,把典籍经义写在实践的大地上。

# 《战国策》第八

## 章节梳理

《战国策》第八
- 战国七雄争霸
  1. 战国诸国争霸，使者往来穿梭外交，策士唇枪舌剑，权谋不断，各为其主。
  2. 谋臣策士因地进言，机锋所指，无往不克，其论辩之风和高明见解每每为君主所赏识和采用。
- 编书情况
  1. 汉代刘向在蒯通整理和润饰基础上编成《战国策》一书。历代不同评价。
  2. 文辞之胜，历史写照。精妙言辞每每折服众人。
  3. 所载上接春秋，下至楚汉兴起为止，凡二百零二年，是一部重要的史书。

## 知识拾补

《战国策》艺术成就：《战国策》成功塑造了许多鲜明的人物形象。全书对战国时期各阶层的人物进行了生动形象的刻画，其中对"士"的刻画尤为鲜活，栩栩如生，光彩照人。如纵横天下的苏秦、张仪等出口成章，舌灿莲花。聂政、荆轲等果决猛烈，勇冠诸雄。其次《战国策》还擅于讲故事，情节跌宕起伏，扣人心弦。此外《战国策》善于述事明理，描写人物形象逼真，大量运用寓言、譬喻，语言生动，富于文采。

无论个人陈述或双方辩论，都具有很强的说服力。《战国策》还留下了许多脍炙人口的成语，如"画蛇添足""狐假虎威""南辕北辙"等，文章语言辩丽横肆，一倾天下。

《战国策》成书经过：战国时期诸国关系紧张，战争随时可起，担负外交的策士开始受到重用。当时各国所重的是威势，策士所说原不外战争和诈谋；但要因人因地进言，广博的知识和微妙的机智都是不可少的。汉代刘向在汉初著名说客蒯通整理和润饰的基础上，把这些策士的说辞，编成了《战国策》。

## 研讨与思考

班级开展"读经典的意义"主题探究活动，请你结合本篇，说说中学生阅读《战国策》的意义。

答：比如可以从《战国策》中了解战国时期盛行策士游说这一历史事实，达到了解当时社会现状的目的。

## 阅后微思

《战国策》是对战国时期谋臣策士的生动写照，策士们游走于诸侯之间，各献其策，各倾其智，辩才无碍，光芒万丈。策士们善于营篇谋局，始终占据话语的主动权，汪洋恣肆，舌倾天下，善用各种手法，无所不用其极，将自己申辩的问题尖锐化，将个人智力的优越性突出地体现出来，其循循善诱、辩才无碍之姿展露无遗。三寸之舌强于百万之师，论辩之风大行于天下，其文辞典雅精工，逻辑绵密，无懈可击，令人叹服。

# 《史记》《汉书》第九

## 章节梳理

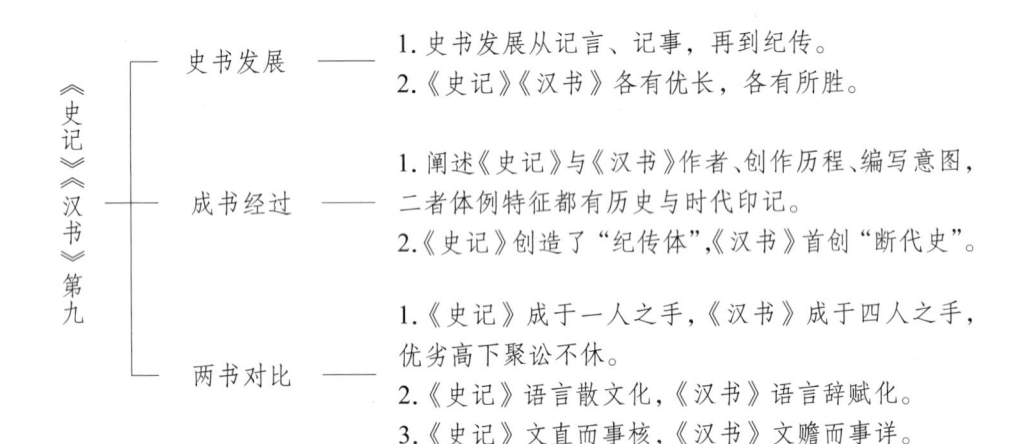

《史记》《汉书》第九
- 史书发展
  1. 史书发展从记言、记事，再到纪传。
  2. 《史记》《汉书》各有优长，各有所胜。
- 成书经过
  1. 阐述《史记》与《汉书》作者、创作历程、编写意图，二者体例特征都有历史与时代印记。
  2. 《史记》创造了"纪传体"，《汉书》首创"断代史"。
- 两书对比
  1. 《史记》成于一人之手，《汉书》成于四人之手，优劣高下聚讼不休。
  2. 《史记》语言散文化，《汉书》语言辞赋化。
  3. 《史记》文直而事核，《汉书》文赡而事详。

## 知识拾补

《史记》艺术价值：《史记》以人物为中心来记载历史事件，人物形象完整，性格鲜明，通过人物形象的刻画来组成一幅波澜壮阔的历史长卷，不是平铺直叙地写扁平化的人物，而是借助急剧强烈的矛盾冲突来展现人物的内心世界，并且人物事迹与重大历史事件相互参证，用"互见法"写出了人物多重的性格特征。继承自先秦散文以来的随事写人的传统，在情节发展演变过程中写出人物各种表演，通过外部动作来写出隐秘的内心世界。《史记》还善于从生活细节和传闻逸事来写人物的抉择,情节离奇曲折,引人入胜。有很多精彩的历史镜头给人留下深刻印记,如鸿门宴"项庄舞剑,意在沛公"的场景描写。

《汉书》历史贡献:《汉书》继承了叙事中刻画人物的传统,但在人物抒写中更侧重于细节勾画来展现其内心可歌可泣的一面,如苏武牧羊故事中的卫律举剑刺苏武,用"武不动"这一幽微的细节来展现其临危而不惧。《汉书》绘声绘形绘色,使得叙事艺术又推到了一个更高的层面,展现了叙事艺术的新发展、新高度。在叙事上不过分追求奇异,而是在平实细密的叙述中还原历史的真相,回归历史写历史,在平实中富有人情味和艺术感。此外,《汉书》语言也更简洁整饬,行文简明生动,叙事不诡谲,不抑抗,详而有体,娓娓道来而读之不厌。

## 研讨与思考

**请结合文本谈谈《史记》《汉书》编写不同之处。**

答:(1)《史记》"文直而事核",《汉书》"文赡而事详"。司马迁感慨多,微情妙旨,时在文字蹊径之外;《汉书》却一览之余,情词俱尽。但是就史论史,班固也许比较客观些,比较合体些。(2)《史记》《汉书》二书,文质和繁省虽然各不相同,而所采者博,所择者精,却是一样;组织的宏大,描写的曲达,也同工异曲。二书并称良史,绝不是偶然的。

## 阅后微思

《史记》《汉书》开创了中国历史记录的纪传体,成为正史源头。这两部书是最早的有系统的历史,可称为正史的源头,且都成了文学的古典。司马迁的史观是以人物为中心的。他最长于描写,靠了他的笔,古代许多重要人物的面形,至今还活现在纸上,实称得上"通古今之变,成一家之言"。《汉书》记录范围更为广大,涉及天地、鬼神、人事、政治、道德、艺术、文章,包罗万象。虽然《史记》《汉书》的内容不同,其博大精深和精彩绝伦的程度却是相同的,并称为良史也绝不是偶然。

# 诸子第十

## 章节梳理

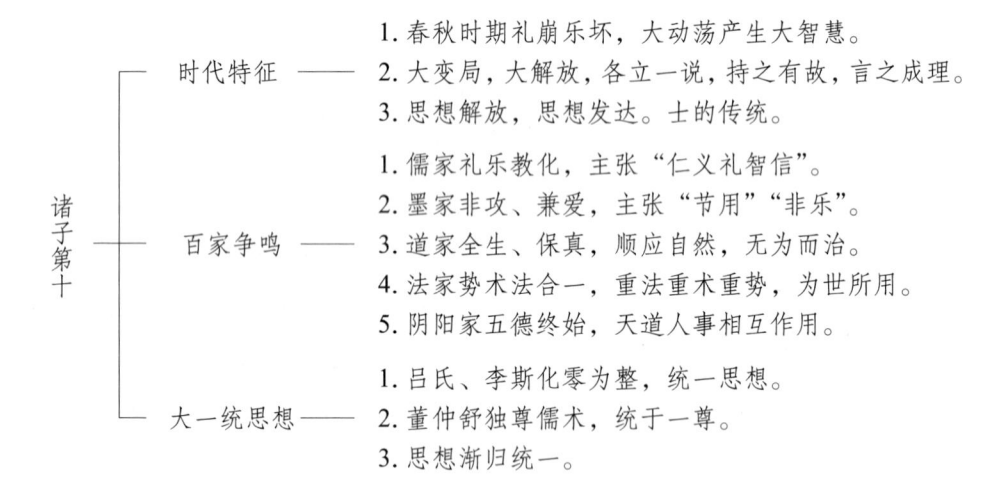

诸子第十
- 时代特征
  1. 春秋时期礼崩乐坏，大动荡产生大智慧。
  2. 大变局，大解放，各立一说，持之有故，言之成理。
  3. 思想解放，思想发达。士的传统。
- 百家争鸣
  1. 儒家礼乐教化，主张"仁义礼智信"。
  2. 墨家非攻、兼爱，主张"节用""非乐"。
  3. 道家全生、保真，顺应自然，无为而治。
  4. 法家势术法合一，重法重术重势，为世所用。
  5. 阴阳家五德终始，天道人事相互作用。
- 大一统思想
  1. 吕氏、李斯化零为整，统一思想。
  2. 董仲舒独尊儒术，统于一尊。
  3. 思想渐归统一。

## 知识拾补

百家争鸣：春秋末年，封建制度开始崩坏。在这个大变动当中，一些才智之士对于当前的情势，有种种的看法，有种种的主张；他们都想收拾那动乱的局面，让它稳定下来，他们根据自己的见解各说各的，都"持之有故，言之成理"，这便是诸子之学，大部分可以称为哲学。苏轼在《志林·论养士》中说："自谋夫说客、谈天雕龙、坚白同异之流，下至击剑扛鼎、鸡鸣狗盗之徒，莫不宾礼。"当时诸侯门下尚养士之风，礼贤下士，延揽天下英才为己所用，如春秋四公子孟尝君、信陵君、平原君、春申君和秦相吕不韦等门下号称养士三千。士这个阶层空前活跃，各为其主，贩卖兜售各自学说和主张，你方唱罢我登场，涌现出苏秦、张仪等纵横家，孟子、荀卿等儒家，墨翟、宋钘等墨家，商鞅、申不害等法家，许行、陈相等农家，及其他各家。

诸子散文：先秦诸子包括不同的学术流派和思想主张，《汉书·艺文志》记载有儒、墨、道、法、阴阳、纵横、名、杂、小说、农等十家。各家纷纷著书立说，形成诸子散文繁荣的局面。诸子散文由纯语录体散文慢慢发展成对话体论辩文再到论点集中的专题文，篇幅由短到长，风格由简朴到庞杂，形成诸说纷纭、异彩纷呈的大好势头。

## 研讨与思考

请简述法家的思想主张。

答：法家出于"法术之士"，贵族政治崩坏，法术之士便创一种新的政治方法帮助当时的君主整理国政，这就是法治。法术之士有重势、重术、重法三派，而韩非子集其大成。中国后来的政治，大部分是受法家的学说支配的。

## 阅后微思

春秋战国时期，是我国思想发展史上的黄金时期，诸子百家横空出世，著书立说，异彩纷呈，创造文化长河中的华彩乐章，也是思想史上值得大书特书的辉煌年代。在这长达三百多年之久的大变革时代，诸子纷纷现身说法，各持己见，互不相让，兼容并蓄，思想自由，学术得到大发展、大飞跃，留下了千载妙文、百代雄思。在历史大转折、大变局关口，诸子们以其卓越的见识和不凡的锐思，为时代开启智慧的大门，奉献他们的胆识和才智，继往开来，承前启后。他们的远见卓识至今仍具有巨大启发和借鉴意义，闪耀着颠扑不破的真理的光芒。

# 辞赋第十一

## 章节梳理

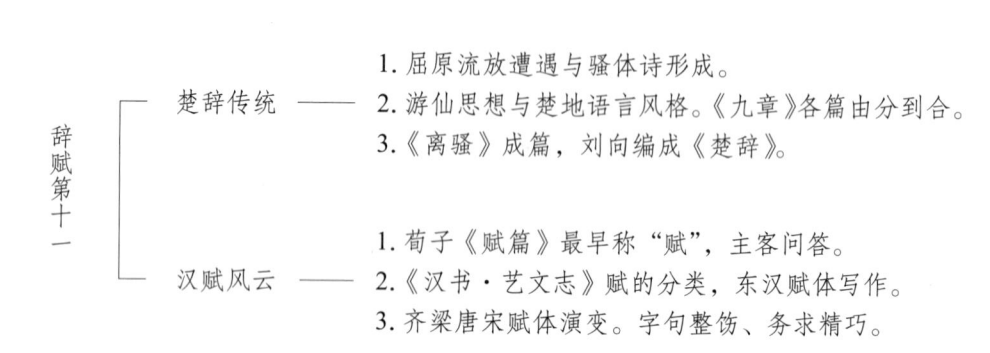

辞赋第十一
- 楚辞传统
  1. 屈原流放遭遇与骚体诗形成。
  2. 游仙思想与楚地语言风格。《九章》各篇由分到合。
  3. 《离骚》成篇，刘向编成《楚辞》。
- 汉赋风云
  1. 荀子《赋篇》最早称"赋"，主客问答。
  2. 《汉书·艺文志》赋的分类，东汉赋体写作。
  3. 齐梁唐宋赋体演变。字句整饬、务求精巧。

## 知识拾补

《离骚》"香草美人"寓意：美人的意象一般喻指君主或自喻，香草支持并丰富了这一意象。香草意象作为一独立的象征物，喻指品行的高洁。香草美人共同构成一个复杂而巧妙的意象系统，成了后世文学史上争相效仿的君臣关系的喻指。《离骚》中香草还是诗人内心世界的外化，是世界上美好品行的形象化。屈原用绝美的香草来指代自己高洁美好的追求，还用男女情爱喻指政治斗争中自己的失宠和受排挤，政治理想愿望落空的无奈和惆怅。

汉赋的短长论：汉赋既有笔力雄健、纵横驰骋的一面，但也有工丽精细、浓艳绵柔之弊症。汉赋大家扬雄认为辞赋"童子雕虫篆刻",无补于世,又"非法度所存"。诗人之赋丽以则,辞人之赋丽以淫,汉赋存在的极丽靡之辞,失去了讽谏之力,多少是汉赋这种文体的弊症之所在,当引以为鉴。

## 研讨与思考

简述赋的发展历程。

答:荀子的《赋篇》最早称"赋"。《赋篇》安排客主,问答成篇,开后来赋家的风气。荀赋和屈辞原来似乎各是各的,这两体的合一,也许是在贾谊手里。贾谊是荀卿的再传弟子,他的境遇却近于屈原,又久居屈原的故乡,他模拟屈原的体制,却袭用荀卿的"赋"的名字。这种赋日渐发展,屈原诸作也便被称为"赋"。《汉书·艺文志·诗赋略》分赋为四类。"杂赋"十二家总集;屈原以下二十家,是言情之作;陆贾以下二十一家,大概近于纵横家言;荀卿以下二十五家,大概是叙物明理之作。东汉班固作《两都赋》,张衡仿作《二京赋》,晋左思又作《三都赋》,这种赋,是散文的更进一步。此后赋体渐渐缩短,字句整炼起来,务求精巧,不再用来讽谏。

## 阅后微思

《离骚》语言和形式都有浓郁的楚地特色。学习地方文化而能扬其长,并形成自己的特色,殊为不易。要借鉴,但不要墨守;要发展,但不要走偏;既有传承,又有发展,同时又能警惕其弊端和不足。浪漫的文学创作手法,放飞了想象的翅膀,令人大开脑洞,思出尘外。"衣被词人,非一代",此词不虚,屈原的文学创作泽被文坛,一代又一代文学新人正是在屈原所开创的浪漫主义创作风格的熏陶下,在文学上不断阔步前行。对于汉赋,我们既要学习其汪洋恣肆、才气横溢一面,但也不要文过其辞、雕琢过度而失去其内容的厚实。扬其长,避其短,才是明智的选择。

# 诗第十二

## 章节梳理

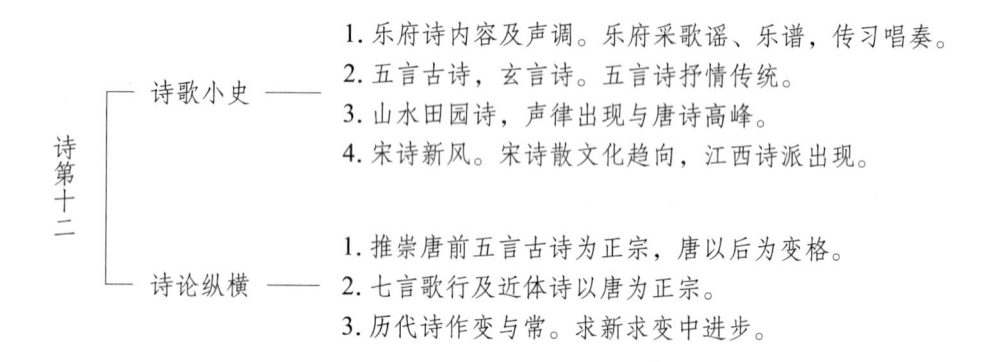

诗第十二
├─ 诗歌小史 ── 1. 乐府诗内容及声调。乐府采歌谣、乐谱，传习唱奏。
│              2. 五言古诗，玄言诗。五言诗抒情传统。
│              3. 山水田园诗，声律出现与唐诗高峰。
│              4. 宋诗新风。宋诗散文化趋向，江西诗派出现。
│
└─ 诗论纵横 ── 1. 推崇唐前五言古诗为正宗，唐以后为变格。
               2. 七言歌行及近体诗以唐为正宗。
               3. 历代诗作变与常。求新求变中进步。

## 知识拾补

唐诗繁荣原因：唐代是我国历史上一个辉煌灿烂的时期，其国力强于当时世界上其他国家，思想上也能兼容并包，广纳天下，对外格局阔大，为唐诗的繁荣发展提供了物质上的巨大保障。虽有安史之乱的破坏，但总体上唐代处于历史上最好时期之一，为唐诗的创造提供了极为丰富的题材，也扩大了诗人们创作的视野。

从唐诗本身来说，魏晋南北朝在诗歌艺术上不断探索，不论是内容上还是艺术形式上都取得了长足的进步，前代的积累为唐诗的繁荣也是提供了基础和可能。声律已具雏形，静待唐诗提高到一个空前的高度。各种诗歌体裁都得到了良好的发展，诗体的完备为繁荣提供了先决条件。

## 研讨与思考

如何理解杜甫是"继往开来的诗人"？

答：（1）杜甫身经乱离，亲见了民间疾苦。他的诗努力描写当时的情形，发抒自己的感想。他常在诗里发议论，并且引证经史百家；但这些议论和典故都是通过了他的满腔热情奔进出来的。（2）他将诗历史化和散文化，为诗创造了新语言，古体的七言诗到他手里正式成立，古体的五言诗在他手里变了格调。（3）杜甫用律诗来表现广大的实在的人生。他的绝句直述胸怀。他的诗透着滑稽的风味，但这种滑稽的风味和他的严肃的态度调和得恰到好处。（4）元稹、白居易二人都继承杜甫写实的表现人生的态度，杜甫的影响直贯到两宋时代。

## 阅后微思

诗歌发展是曲折中不断前进，也是在继承中不断发展的过程，诗歌发展既有内部的原因，也有外部的推力。诗歌的艺术探索也是无止境的，后浪推前浪，一浪更比一浪高，诗坛的百花齐放，使得万紫千红诗满园。只有包容和开放，才会迎来文学艺术的大繁荣和大发展。诗歌到达顶峰，要想超越可能就不是一件容易的事，一代有一代的文学，任何文学过了发展的高峰期，另一种文体可能就在酝酿之中破土而出。没有超越，就只能另辟蹊径，这也许会迎来另一种文体取而代之的机遇与辉煌。

# 文第十三

## 章节梳理

```
         ┌ 文章溯源 ── 1.最早的文是商代卜辞，刀笔刻字，断烂朝报。
         │            2.除了卜辞之外，还有讼辞，叙述文的发展，议论
         │              文也见源头。
         │
文        │            1.春秋时期记言记事之辞，讼辞、辞令，雅言与辞达。
第        │              战国时期游说与诸子之文。
十        │            2.汉代时期有自己系统的史书；汉代辞赋发展。
三        │            3.魏晋南北朝时期骈偶文与散文；沉思瀚藻之文。
         └ 文章流变 ── 4.唐宋古文运动；语录与传奇。
                      5.宋代话本；章回体小说。
                      6.明清八股文；清代桐城派古文。
                      7.清末民国初新文体与五四白话文运动。
```

## 知识拾补

文的发展历程：(1)春秋时期列国外交的言语称为"辞"或"命"，又合称为"辞命"或"辞令"。(2)战国时代，游说之风大盛。所以最重说辞。他们的说辞铺张局势，最重辩。(3)孔子开了私人讲学的风气，从此也便有了第一种私家的著作《论语》。诸子书大概多是弟子们及后学者所记，著作越来越多，流传也越来越广，"雅言"便成了凝定的文体了。后世大体采用，言文渐渐分离。(4)伴随着议论文的发展，记

事文也有了长足的进步。《左传》只是记事,《史记》进一步描写人。(5)汉武帝时候,盛行辞赋。"骈文"或"骈体"出于辞赋,句读整齐,对偶工丽。(6)梁昭明太子在《文选》里第一次提出"文"的标准:事出于沉思,义归于翰藻。后来出现两种新文体,佛典的翻译与群经的义疏。不过没有人将这些当作"文"的。"文"只用来称"沉思翰藻"的作品。(7)北周的苏绰是首先提倡复古,李谔等纷纷响应,唐初陈子昂提倡改革文体,韩愈继往开来倡导"古文运动",宋代称为"散文"。(8)到了宋代,又有"话本",这是白话小说的老祖宗。后来能将许多关联的故事组织起来,分了"章回"。这是体制上一个大进步。(9)明代八股文盛行,清桐城派声名大振。清末,梁启超先生的"新文体"可算登峰造极。(10)胡适之先生提倡白话文,经过五四运动,白话文畅行。

## 研讨与思考

汪曾祺说:"朱先生把好几百年的纷纭混杂的文学现象抒出了一个头绪,清清楚楚,一目了然,一通百通。朱先生把一部文学史真正读通了。"请结合文本具体分析。

答:朱自清以时间为顺序,从辞到文,介绍了文的发展历程,由辞到文,其中包括卜辞、讼辞、春秋战国辩者的说辞、第一种私家著作《论语》、诸子百家之文、寓言、以《春秋左氏传》为代表的记事文、第一部由自己系统的史书《史记》、辞赋、佛典的翻译、群经的义疏、新体"古文"(散文)、语录、传奇、话本、八股文。本篇包含内容很多,但是条理清晰,繁而不乱,既理出头绪,又把文学史读通了。

## 阅后微思

文章千古事,得失寸心知。自古以来,文章都是经国之大业,不朽之盛事。但文章的体式却在历史发展演变过程中,不断适应时代发展的需要和人们生产生活的需要,无论是内容,还是形式上,都发生着翻天覆地的变化。从草创之初的卜辞筮策、记言记事,到语录辩章,再进一步发展出文以载道,由古文运动再到白话文运动,内容守正创新,形式上返璞归真,注重切体适用的同时,也强调文章自身的内涵式发展和创新性转化。这是文章的发展史,也是人文精神的发展史。

图书在版编目(CIP)数据

名师读解《经典常谈》/ 朱自清著；许元洪注. —福州：海峡文艺出版社，2024.12
ISBN 978-7-5550-3463-6

Ⅰ.①名… Ⅱ.①朱…②许… Ⅲ.①社会科学－古籍－介绍－中国 Ⅳ.①Z835

中国国家版本馆 CIP 数据核字(2023)第 169519 号

名师读解《经典常谈》

朱自清 著 许元洪 注
出 版 人 林 滨
责任编辑 邱戊琴
编辑助理 王清云
出版发行 海峡文艺出版社
经 销 福建新华发行(集团)有限责任公司
社 址 福州市东水路 76 号 14 层
发 行 部 0591－87536797
印 刷 福建新华联合印务集团有限公司
厂 址 福州市晋安区福兴大道 42 号
开 本 720 毫米×1010 毫米 1/16
字 数 204 千字
印 张 15
版 次 2024 年 12 月第 1 版
印 次 2024 年 12 月第 1 次印刷
书 号 ISBN 978-7-5550-3463-6
定 价 33.00 元

如发现印装质量问题，请寄承印厂调换